Entreprises publiques en République Démocratique du Congo

La nécessité d'un cadre de bonne gouvernance axée sur la responsabilisation et la performance

Collection « Études africaines »

dirigée par Denis Pryen et son équipe

Forte de plus de mille titres publiés à ce jour, la collection « Études africaines » fait peau neuve. Elle présentera toujours les essais généraux qui ont fait son succès, mais se déclinera désormais également par séries thématiques : droit, économie, politique, sociologie, etc.

Dernières parutions

Diensia Oris-Armel BONHOULOU, *Le terrorisme international existe-t-il en Afrique noire ?, Essai,* 2018.

Augustin RAMAZANI BISHWENDE, Di-Kuruba Dieudonné MUHINDUKA (dir.), *Les Bavira entre tradition et modernité*, 2018.

Claude KAYEMBE-MBAYI, *Verrous et contrôles constitutionnels en Afrique. Pour des mécanismes efficients*, 2018.

Marie Romuald POUKA POUKA, *Politiques publiques et PME au Cameroun. Les impacts de la Bourse de sous-traitance et de partenariat sur la performance des PME dans le secteur industriel*, 2018.

Issofou NJIFEN, *Allocation des ressources humaines et stratégies des acteurs sur le marché du travail, Concept de surqualification et évidence empirique au Cameroun*, 2018.

Marie Désirée, SOL AMOUGOU, *Minoration linguistique, Causes, conséquences et thérapie*, 2018.

Michel MOUKOUYOU KIMBOUALA, *Le rôle des classes nominales dans le fonctionnement des langues bantoues. Le cas du kibeembe, une variante du kikongo*, 2018.

Saikou Oumar BALDE, *Élections et démocratie locale en Guinée*, 2018.

Caroline PACHECUS, *Médias, mondialisation et diversité culturelle. Le cas de l'Afrique subsaharienne*, 2018.

Anicet Cyrille NGOULOUBI et Jules LUBOYA KATABA, *Management des salaires. Théories et applications*, 2018.

Sylvain Sorel KUATE TAMEGHE, *La justice, ses métiers, ses procédures, OHADA, 2e édition*, 2018.

Paul JOBIN, *L'archéologie en Côte d'Ivoire. Histoire et fonctionnement de la recherche*, 2018.

Jacques Kabeya I. Tenda

Entreprises publiques en République Démocratique du Congo

La nécessité d'un cadre de bonne gouvernance axée sur la responsabilisation et la performance

L'Harmattan

5-7, rue de l'Ecole-Polytechnique, 75005 Paris

www.editions-harmattan.fr

ISBN : 978-2-343-14993-6
EAN : 9782343149936

Liste des acronymes

ACC : American Congo Company
BIRD : Banque Internationale pour la Reconstruction et le Développement, ou encore Banque Mondiale
BM : Banque Mondiale
CCCI : Compagnie du Congo pour le Commerce et l'Industrie
CFK : Compagnie du Chemin de Fer du Bas-Congo au Katanga
CFL : Compagnie des Chemins de Fer du Congo Supérieur au Grands Lacs Africains
CMG : Compagnie des Magasins Généraux
CNKI : Comité National du Kivu
CPC : Compagnie des Produits du Congo
CRG : Cadre de Responsabilité de Gestion
COKA : Compagnie du Kasaï
COPIREP : Comité de Pilotage de la Réforme des Entreprises du Portefeuille
CSK : Comité Spécial du Katanga
EIC : État Indépendant du Congo
FMI : Fonds Monétaire International
FMI : Financial Management Institute Canada
GECAMINES : Générale des Carrières et des Mines
INTERFINA : Intertropical Société Commerciale et Financière Africaine
OCDE : Organisation de Coopération et de Développement Économique
ONATRA : Office National de Transport

ONCPT :	Office Congolais des Postes et Télécommunications
PED :	Pays en développement
PEMU :	Projet d'alimentation en Eau potable en Milieu Urbain
PVD :	Pays en Voie de Développement
RDC :	République Démocratique du Congo
RD Congo :	République Démocratique du Congo
REGIDESO :	Régie de Distribution d'Eau
SNCF :	Société de Chemin de Fer Français
SNEL :	Société Nationale d'Électricité
SNCC :	Société Nationale de Chemin de Fer du Congo
USAID :	United States Agency for International Development
SODECI :	Société des eaux de Côte d'Ivoire
SOFIDE :	Société Financière de Développement
STEE :	Société Tchadienne d'Électricité et de l'Eau
UDPS :	Union pour la Démocratie et le Progrès social
UMHK:	Union Minière du Haut Katanga
UQAM:	Université du Québec à Montréal

En mémoire de mes parents, Thérèse Mbuyi wa Tshiyombo et Crispin Kabeya Mukoteka Mukalenga-Muana, qui me regardent d'en haut. Merci pour vos sacrifices pour l'éducation reçue de vous. Je vous aime maman et papa

À mon épouse, mon amour, mon amie et ma compagne de lutte et de vie depuis 35 ans, Mamie Léonie Banda Kabeya. Je t'aime et t'aimerai jusqu'à la fin de mes jours.

À mes enfants Jamy, Raïssa, Andonie et Lénie-Joyce. Je vous aime, mes trésors.

À mon petit-fils, Didi Dinanga Kabeya Ilunga. Trouve dans ce livre une fierté et une motivation pour façonner tes ambitions futures. Je t'aime mon grand.

À mes frères, sœurs, beaux-frères, belles-sœurs, neveux, nièces, beaux-fils et belles-filles, je vous aime.

Préface

C'est une grande joie pour moi que de saisir cette occasion qui m'est offerte, pour préfacer avec un réel plaisir et un enthousiasme légitime cet ouvrage que Jacques Kabeya Ilunga Tenda, Économiste Expert en Finance et en Stratégie d'organisation, consacre avec une rigueur remarquable, aux principaux aspects de la vie des entreprises publiques en République Démocratique du Congo, tout en ouvrant un œil vigilant et suffisamment critique sur le comment ses entreprises sont-elles gouvernées. Son but est net et clair dès l'entame de la lecture : « faire de ces entreprises, de véritables outils du développement national ».

Jacques Kabeya a écrit avec succès son livre sachant que le moment était venu de le faire. Les hasards de la vie ont fait de lui, le témoin de la gouvernance de la « chose publique » qu'est la République Démocratique du Congo. Il a compris que ce serait vraiment manquer de cœur et de loyauté que de garder des enseignements acquis tout au cours de l'histoire de ce pays pour lui tout seul. Je crois, pour ma part, qu'il a agi un peu comme Luc l'évangéliste qui écrit ceci à Théophile, dans le Prologue de son Évangile au Chapitre 1, versets 1-4. : « Puisque beaucoup ont entrepris de composer un récit des évènements qui se sont accomplis parmi nous… j'ai décidé, moi aussi, après m'être informé exactement de tout depuis les origines, d'en écrire pour Toi Théophile, un exposé pour que tu te rendes bien compte de la sûreté des enseignements que tu as reçus ».

Jacques a dédié avec bonheur son livre aux étudiants congolais des universités et enseignements supérieurs, futurs cadres du pays qui auront la lourde tâche de conduire le pays vers des horizons meilleurs en corrigeant les erreurs de leurs aînés. Il a dirigé ses pensées vers ceux qui s'occupent des affaires publiques de son pays. Enfin, j'ajoute que Jacques a dédié, sans peut-être le savoir, son livre à tous ces hommes de bonne volonté et de bonne foi à qui on a débouché les oreilles et les yeux et qui ont reçu l'intelligence de certaines choses ou des éclaircissements sur certaines questions.

Je connais bien l'auteur de cet ouvrage depuis son jeune âge ; et à son âge d'universitaire, fonctionnaire dans les entreprises, grand manager, nous disions, avec une humeur un peu sévère, ceci comme l'a écrit Robert Papin[1] « Si vous faites partie des dirigeants ou de futurs dirigeants qui désirent s'entourer d'hommes et de femmes capables de s'adapter au changement, alors ne tombez pas dans ce travers. Observez le comportement de vos collaborateurs, acceptez l'imperfection et regardez avec le même œil critique ».

« Entreprises Publiques en République Démocratique du Congo… », me semble-t-il n'est pas un manuel de psychologie dont l'ambition serait de transformer les personnalités, mais plutôt de mettre à la disposition du lecteur un outil, je dirais, qui renseigne sur la compréhension et l'utilité de la bonne gouvernance des entreprises publiques du pays. Jacques Kabeya, en rédigeant son livre, n'a pas non plus l'idée de développer une théorie nouvelle scientifique de la stratégie de la bonne gouvernance ; il propose, comme l'indique l'intitulé de l'ensemble du livre, des « recettes » pour qu'un chef d'entreprise puisse se comporter comme il se doit.

---

[1] Le Directionnaire – *Guide opérationnel à l'usage des P.D.G et des cadres dirigeants*, 2eme Ed., Dunod, Paris, 1985.

Commençant par établir l'état des lieux de l'économie congolaise en indiquant particulièrement les défis, il dresse, en les expliquant, les notions de gouvernement et gouvernance d'entreprise ; il indique clairement le fait que l'État est un instrument indispensable de politique économique et de développement national ; et ceci est illustré par des arguments tirés de l'histoire de la RD Congo de 1960 à 2017. Les parties cinq et six sont consacrées à la pratique de la privatisation des entreprises d'État en RD Congo (phénomène que l'auteur qualifie de « fuite en avant »). Enfin l'auteur, dans la septième partie expose sa vision pour des entreprises d'État performantes tout en indiquant que ceci ne pourra être possible qu'en instaurant un cadre de bonne gouvernance axé sur la responsabilité.

Un livre de cette taille, un livre aussi documenté ne se résume pas, ne se lit pas en diagonal, ses propos se méditent en profondeur. En rédigeant sa conclusion, Jacques Kabeya Ilunga Tenda a manifesté sa ferme conviction qu'à l'instar des autres peuples du monde qui ont vaincu la pauvreté, le peuple de la RD Congo est en mesure de se sortir de sa misère qui semble être chronique. Cependant le miracle congolais peut avoir lieu si seulement les Congolais eux-mêmes commencent à comprendre que le développement de leur pays est l'œuvre de la bonne gouvernance. Le miracle congolais pourra avoir lieu si seulement les Congolais eux-mêmes commencent à comprendre que le développement de leur pays dépend de l'organisation efficiente de leurs entreprises publiques. Le miracle congolais pourra se produire si les Congolais eux-mêmes comprennent l'État en termes d'idée et de pensée en fonction de leur bien-être. Enfin je termine cette préface en disant aux lecteurs que la direction des entreprises publiques de l'État n'est pas un lieu d'apprentissage d'exercice de responsabilité. Elle n'est pas non plus le lieu d'éclosion incertaine de talents éventuels. C'est bien au contraire le lieu d'exercice de la maturité, de la sagesse et de talents confirmés.

Un livre à lire absolument.

Kinshasa, le 23 décembre 2017

Jean Kambayi Bwatshia[2], PhD
Professeur et Ministre Honoraire
de l'Enseignement supérieur et universitaire
et de la Recherche scientifique

---

[2] Jean Kambayi Bwatshia est Professeur à l'Université Pédagogique Nationale du Congo

Dédicace

« Cogito Ergo Sum » ou « je pense donc je suis »
René Descartes

Comme René Descartes, je voudrais commencer cette dédicace en disant : je pense donc je suis pour mon pays, la République Démocratique du Congo.

En effet, lorsque j'écrivais ce livre, je pensais d'abord aux étudiants congolais des universités et instituts supérieurs, futurs cadres du pays, qui auront la charge de conduire la République Démocratique du Congo vers des horizons meilleurs en corrigeant les erreurs de leurs aînés.

En ce temps présent, mes pensées sont surtout dirigées vers ceux qui s'occupent des affaires publiques de notre pays, les politiques congolais, à tous les niveaux de la vie publique nationale. Ceux-là même qui, hier comme aujourd'hui, ont eu à diriger et dirigent la République Démocratique du Congo au meilleur de leur capacité. Des erreurs ont été commises, et pas des moindres, qui ont conduit au résultat que nous déplorons aujourd'hui, mais retenons qu'il y a toujours place à l'amélioration quand on reconnaît qu'on a commis des erreurs et des fautes. Le mal est de se savoir dans un trou et de continuer à creuser. Il faut arrêter de creuser pour ne pas empirer son sort.

À tous les Congolais et à toutes les Congolaises, je dis que les contre-performances de notre pays de six premières décennies de notre indépendance n'ont rien de fatal et que seul par le travail et par une prise de conscience réelle de notre déclin en reconnaissant que nous sommes dans le faux, nous sortirons ce pays du bourbier dans lequel il se trouve. La République Démocratique du Congo possède une ressource humaine compétente et volontariste prête à lui donner l'auréole attendue.

Aux uns et aux autres je dis, tournons-nous vers l'avenir et retournons à nos enfants et aux générations futures ce beau pays qu'ils nous ont prêté pour gérer pour eux. La perfection, dit-on, n'existe pas, mais l'homme doit toujours lutter pour se rapprocher de la perfection et quelle que soit la profondeur de la chute, le plus important est la hauteur avec laquelle on rebondit.

Aux pères de l'indépendance, qui avaient rêvé d'un pays plus beau qu'avant, qui malheureusement tarde à venir, je voudrais leur dire que le Congo dispose encore des filles et fils dignes et capables de relever le défi du développement et réaliser ainsi les aspirations profondes du peuple congolais auxquelles ils ont rêvé.

Jacques Kabeya Ilunga Tenda

Remerciements

L'ouvrage que je publie aujourd'hui est le fruit de plusieurs années de travail et de réflexion. L'idée d'écrire m'est venue après l'observation que j'ai faite de la situation de décadence dans laquelle se trouve la totalité des entreprises publiques dans mon Congo natal, mais aussi à la suite des questions persistantes de mes enfants, dont le modèle de vie est celui d'un pays florissant qu'est le Canada, et qui ne peuvent s'expliquer la déroute et la misère de leur pays la République Démocratique du Congo.

Le parachèvement de mes études postuniversitaires de MBA, suivies de diverses formations complémentaires enrichissantes en management bancaire et en gestion de projet, couplé d'une pertinente expérience professionnelle dans le secteur privé et dans le secteur public au Canada ont éveillé mon questionnement et ma conscience sur la déconfiture du Congo. C'est plus qu'un devoir de conscience, pensais-je, que de mettre à la disposition de mon pays toutes ces connaissances et expertises acquises outre-mer.

La rédaction d'un livre tient à une maturation intérieure faite de notre volonté intrinsèque, et aussi à une maturation extérieure produite par les connaissances acquises du point de vue académique et les expériences professionnelles congruentes susceptibles d'apporter une valeur ajoutée à la science. En voulant écrire un livre comme celui-ci sur et pour mon pays dans le domaine de gouvernance et de management, je savais ce que je voulais, mais je me devrais de me rassurer d'être en mesure d'arrimer ma volonté aux connaissances existantes et appropriées dans ce domaine des entreprises publiques à travers le monde.

Le ton direct et franc utilisé dans cet ouvrage surprendra certains, mais j'ai conclu qu'il faille, pour conjurer le mal congolais, dire les choses telles que les vit le Congolais afin de mieux exorciser le décideur et homme politique congolais face à sa responsabilité dans l'échec du Congo.

J'ai retardé la publication de ce livre, en raison de plusieurs facteurs. D'abord, je le voulais toujours plus complet. Ensuite, je cherchais le moment idéal pour le publier, étant donné que le pays, la RDC, était plongé, et l'est encore au moment où j'apporte la dernière touche à mes écrits, dans une crise politique de légitimité et que toute l'attention des Congolais est focalisée sur ce problème politique. Un livre de gouvernance et d'économie comme celui-ci nécessite un climat politique serein avec un gouvernement responsable et légitime pour mettre en œuvre les recommandations qui y sont formulées.

Maintenant, j'aimerais prendre le temps de remercier les gens qui me sont très chers. Je voudrais, avant toutes choses, adresser un remerciement spécial à mon épouse, Mamie Léonie Banda Kabeya, pour son amour indéfectible et son attachement à ma personne. Ensemble et grâce à elle, nous avons bravé les épreuves et embûches de société pour nous tailler un chemin à nous et trouver avec bonheur notre place sur cette terre des hommes et élever nos quatre enfants. À mes enfants, Jamy, Raïssa, Andonie et Joyce, des magnifiques et adorables personnes, qui ont enduré et accepté le sacrifice de notre parcours sans repos - Kinshasa, Montréal, Toronto et Ottawa. Nous sommes bénis de les avoir comme enfants dans notre vie.

Je voudrais également remercier tous ceux qui se sont donné la peine de lire et d'affiner ce livre pour le rendre encore plus complet. Je dis merci encore une fois à ma femme Mamie Léonie Banda Kabeya et à Marc Konan Waidhet, Simon Yomputu et Christian Dikoba Piba-Ntoto pour leurs encouragements et le temps qu'ils ont pris pour faire la lecture critique de mon texte et m'apporter leurs conseils.

Et enfin, je voudrais faire une mention spéciale au Ministre honoraire de l'Enseignement Supérieur, Universitaire et de la Recherche scientifique, le Professeur Jean Kambayi Bwatshia qui a accepté de nous gratifier de sa préface pour ce livre. De tout cœur, grand merci.

À vous tous et à tout un chacun, j'exprime toute ma gratitude.

Jacques Kabeya Ilunga Tenda

Avant-propos

Le Gouvernement de la République Démocratique du Congo a initié depuis 2008 une série de réformes de ses entreprises publiques avec le concours de la Banque Mondiale dont l'objectif premier est de ramener ces entreprises sur la voie de la rentabilité et de la performance.

L'initiative, louable au regard de la situation générale catastrophique de ces entreprises, ne pourrait malheureusement pas aboutir aux résultats escomptés compte tenu des options choisies pour juguler le mal qui ronge les entreprises publiques en République Démocratique du Congo.

Ce livre cerne la mal gouvernance comme cause principale de l'échec des entreprises publiques en République Démocratique du Congo et propose une thérapeutique adaptée pour les sortir de la gabegie dans laquelle elles sont plongées depuis l'accession de notre pays à l'indépendance en 1960.

À travers le monde, des gouvernements ont recours à des entreprises publiques pour atteindre certaines de leurs priorités et objectifs stratégiques. La présence de l'État dans les secteurs aussi divers que variés d'intérêt public s'inscrit donc essentiellement dans la stratégie globale de développement des gouvernements. Les entreprises publiques paraissent donc comme de véritables instruments de la politique gouvernementale de développement national. De ce fait, les gouvernements mettent en place des mesures pour encadrer la gouvernance et le management des entreprises d'État de manière à les aider à jouer parfaitement leur rôle de moteur de développement. Ceci est plus vrai dans le monde développé où les gouvernements prennent des mesures claires pour une meilleure gouvernance des sociétés d'État. Dans les économies faiblement structurées, comme la République Démocratique du Congo, le pouvoir politique reste encore au balbutiement du vrai rôle que l'État voudrait voir les sociétés d'État jouer dans l'économie nationale.

Le gouvernement de la République Démocratique du Congo, avec l'aide de la Banque Mondiale, a mis en place une structure de gestion appelée Copirep, Comité de Pilotage des entreprises du portefeuille de l'État, destinée à assurer la réhabilitation des entreprises du portefeuille de l'État. Loin de favoriser une vraie réforme des entreprises publiques, Copirep s'est fourvoyé et embourbé dans des politiques de privatisation qui, ailleurs en Afrique, ont donné des résultats très mitigés. Alors que le diagnostic sur le mal dont souffrent les entreprises cible la mauvaise gouvernance comme principale cause de la contre-performance des entreprises, le Gouvernement opte pour des réformes juridiques et la privatisation des entreprises, qui du reste est tout simplement une façon de fuir ses responsabilités de premier gestionnaire du patrimoine national commun.

En effet, la RDC est un pays pauvre, sans capitaux, qui n'a que ses entreprises publiques pour espérer aiguiser son économie et créer une vraie classe moyenne nationale, aujourd'hui inexistante. Grâce aux objectifs de développement qui lui sont dévolus, l'entreprise publique devrait s'ériger en réel catalyseur de la création des petites et moyennes entreprises nationales.

Mon étude démontre que la vraie réforme des sociétés d'État au Congo doit passer par un changement de culture de gouvernance. Ce changement de culture, bien qu'il concerne toutes les parties prenantes dans la gouvernance des entreprises, il reste cependant, d'abord et avant tout de la responsabilité première du gouvernement congolais. Il revient donc au gouvernement congolais de clarifier ses attentes sur les autres parties prenantes telles que le conseil d'administration et la direction générale. Les ministres de tutelle devront être considérés comme responsables devant le parlement de la gestion quotidienne et de l'efficience globale des sociétés d'État faisant partie de leur portefeuille. Le conseil d'administration est, quant à lui, responsable devant le ministre de tutelle de la gouvernance de la société, alors que le directeur général assume ses responsabilités devant le conseil d'administration.

La notion de l'entreprise publique, propriété du peuple congolais, devrait être inculquée, renforcée et vulgarisée auprès des dirigeants d'entreprise. Il est de la responsabilité du gouvernement d'initier un réel changement de culture de gouvernance et de faire adopter un nouveau mode de gestion à tous les directeurs généraux. Un cadre de gestion définissant les attentes du gouvernement vis-à-vis de la direction d'entreprise, à savoir le conseil d'administration et la direction générale, devra être mis en place. Ce cadre dont un modèle est présenté plus loin dans cet ouvrage, devra comprendre les priorités stratégiques de la société d'État, les valeurs de management, l'accent sur les ressources humaines et les attentes en matière de rendement. Les attentes de rendement serviront de base à l'examen périodique du rendement de la société, rapport soumis annuellement au parlement.

L'objectif poursuivi est de favoriser une gestion qui répond à des critères exigeants de transparence, d'intégrité et de responsabilité pour mieux assurer la performance attendue des entreprises publiques et établir clairement une meilleure définition des responsabilités du conseil d'administration et de la direction générale en assurant le renforcement de l'autorité du conseil d'administration et la mise en place de meilleurs outils d'imputabilité et de contrôle. Une loi sur la gouvernance décrivant de façon claire les responsabilités des principales parties prenantes, gouvernement, conseil d'administration, direction générale devra être votée.

Les conseils d'administration seront composés d'administrateurs indépendants et compétents et devront comprendre des comités en son sein. Les critères de compétence devront commander le choix des administrateurs pour assurer une gouvernance efficace. Tous les administrateurs devront être indépendants et disposer d'un background éprouvé pour siéger aux conseils d'administration. Une formation adéquate pourra leur être offerte pour les informer de leurs responsabilités. Le conseil d'administration comprendra des comités, notamment des ressources humaines, de stratégie, de gestion des risques, des finances et de vérification pour s'assurer de la bonne marche de l'entreprise.

La cour des comptes s'instituera comme vérificateur de toutes les sociétés d'État et aura les pouvoirs de procéder à des examens spéciaux dans toutes les sociétés d'État. Elle déterminera la fréquence et l'opportunité de procéder à des examens auxquels le ministère de tutelle et le parlement auront accès.

Introduction

La bonne gouvernance implique la mise en place des structures, fonctions et culture d'organisation qui visent l'atteinte des objectifs stratégiques de l'entreprise et exige la transparence et la reddition de comptes qui établissent la confiance du public.

Aucune entreprise ou organisation, quelle que soit sa mission ou sa taille, ne peut bien fonctionner longtemps lorsque les liens de confiance avec ses parties prenantes et son environnement sont rompus en raison du défaut de l'entreprise de communiquer, d'expliquer et de justifier ses actions. La confiance se fonde sur la transparence et la reddition des comptes. La confiance exige que les peuples dans l'intérêt desquels les entreprises ont été créées aient non seulement le droit, mais aussi la responsabilité de s'adresser aux entreprises et d'analyser l'information fournie par celles-ci.

Les Congolais veulent obtenir des entreprises d'État, propriété du peuple congolais, l'assurance que l'argent des citoyens est bien dépensé, que des rapports fiables sur l'utilisation des fonds publics sont établis et leur sont accessibles. Malheureusement depuis plus de cinq décennies, la gestion des sociétés d'État en République Démocratique du Congo souffre d'une opacité voulue du fait de l'incompétence institutionnelle des gouvernements congolais respectifs et de la cupidité encouragée des dirigeants d'entreprise. Les dirigeants d'entreprise en font leur bien personnel en complicité avec le gouvernement qui a toujours opéré dans le cadre d'un stratagème de prédation. Des diagnostics de complaisance sont établis et s'éloignent volontiers des vrais maux dont souffrent les sociétés d'État. Des solutions de complaisance sont alors recommandées dont les dernières en date portent sur la privatisation pure et simple de ces patrimoines nationaux. Le Copirep, agence d'exécution de la Banque mondiale dont la mission officielle est l'amélioration de la compétitivité du secteur public, travaille en réalité sur le processus de préparation de la privatisation des entreprises publiques pour les céder aux multinationales. La raison évoquée, du reste farfelue et discutable, est que l'État propriétaire n'a pas les moyens nécessaires à leur redressement.

Force est de constater que plusieurs études menées sur la privatisation des entreprises publiques dans les pays en développement aux économies moins structurées ont conclu au fiasco et à une désillusion totale. En effet, le remplacement du monopole public de l'État par un monopole privé n'est ni sain socialement, ni efficace économiquement dans ces pays. La privatisation ne peut donc être considérée comme un remède efficace pour résoudre les problèmes des entreprises publiques dans des tels pays.

Dans ce livre, je propose une solution aux maux dont souffrent réellement les sociétés d'État congolaises. M'inspirant des meilleures pratiques de gestion ou le « benchmarking », je présente les voies et moyens pour éradiquer le mal congolais des sociétés d'État afin de mettre le cap sur la performance. Je propose la mise en place d'un cadre de bonne gouvernance axée sur la responsabilisation et le résultat. Ce cadre, devant être initié par le Gouvernement congolais, reprend les attentes de celui-ci à l'endroit des dirigeants d'entreprise sur la manière dont les entreprises devront être gérées.

Je suis convaincu que la solution proposée dans ce livre sortira les entreprises publiques de la République Démocratique du Congo de leur léthargie endémique pour entrer réellement dans l'univers compétitif de la mondialisation et du nivellement vers le haut.

Voici les titres qui sont développés dans ce manuel :

1. État des lieux de l'économie congolaise et les défis congolais.
2. Notions de Gouvernance et de gouvernance d'entreprise.
3. Sociétés d'État comme instruments de politique économique et de développement national.
4. Sociétés d'État en RDC de 1960 à 2017 : gabegie, spoliation et échec : À qui la faute.
5. Privatisation des entreprises d'État : Fuite en avant.
6. Le Copirep et les réformes des entreprises publiques en RDC.
7. Ma vision pour des entreprises d'État performantes : Un cadre de bonne gouvernance axée sur la responsabilisation et le résultat.

PREMIERE PARTIE
ÉTAT DES LIEUX
DE L'ÉCONOMIE CONGOLAISE
– LES DÉFIS CONGOLAIS

« Un peuple qui oublie son passé est condamné à le revivre »

Winston Churchill

De manière à me permettre de définir les vrais défis auxquels est confrontée la République Démocratique du Congo, je ferais d'abord la rétrospective de l'économie congolaise des six décennies d'indépendance nationale. L'exercice permettra de nous, Congolais, exorciser de nos erreurs du passé et des démons de notre embourbement national collectif dans l'œuvre d'édification d'un État moderne ou d'un État tout court. Il est une vérité que l'histoire de demain sera faite sur la base de la connaissance de l'histoire d'hier et la compréhension de celle d'aujourd'hui, car un peuple qui oublie son passé, disait Winston Churchill, est condamné à le revivre.

Il y a lieu de souligner d'emblée que l'économie de notre pays est restée longtemps tributaire de la gouvernance prédatrice du pays. Alors que l'économie devrait commander la politique du pays, il se vit l'inverse au Congo, faisant ainsi de ce pays un minotaure économique. Guidées par l'enrichissement personnel, les autorités congolaises des gouvernements successifs n'ont pas pensé créer de la vraie richesse pour les populations, richesse née du travail et d'une vision de développement durable.

Chapitre I
L'économie de la RDC de 1960 à 2017

Pour ceux qui sont nés avant 1960, comme moi, ou dans la première décennie de l'indépendance du pays, nul n'est besoin de faire des études supérieures pour constater la dégradation continue de la vie sociale du Congolais, conséquence de la dégradation au fil des ans de la situation économique du pays à partir de 1974. Témoin oculaire de cette descente aux enfers, je peux raconter comment ce pays, fleuron de l'Afrique dans les années 60 bat aujourd'hui tous les records de contre-performance en matière économique et sociale pour être classé en 2013 par le Programme des Nations Unies pour le Développement, PNUD, au dernier rang (186e) du classement de l'indice de développement humain. En quatre grandes périodes, je résumerais l'histoire de la RDC comme suit :

Période de 1960 à 1965 : La période de 1960 à 1965 se définit comme celle de balbutiement et d'apprentissage généralisé pour les nouveaux dirigeants mal préparés dans la gestion de la chose publique. Cette période est marquée par une crise politique au sommet de l'État, avec deux coups d'État de monsieur Mobutu, en 1960 et en 1965, cinq premiers ministres successifs, Lumumba, Iléo I et II, Adoula, Tshombe et Kimba, en l'espace de cinq ans ; deux sécessions, au Katanga et au Sud-Kasaï ; une rébellion qui occupe les trois quart du territoire national, et un contentieux non résolu ou mal résolu avec l'ancienne métropole, dit contentieux belgo-congolais. L'instabilité politique sur tous les fronts de la nouvelle administration n'a pas permis en réalité de définir une stratégie économique postindépendance du jeune État. Le manque d'expérience de gestion des dirigeants, l'absence de cadres universitaires et formés, sans compter l'absence du sentiment d'appartenance à une nation des dirigeants du fait de la prédominance du tribalisme et du régionalisme ont marqué cette période de notre pays.

Période de 1966 à 1980 : Un nouveau régime politique s'installe à la suite du coup d'État militaire du lieutenant-général Mobutu Joseph-Désiré le 24 novembre 1965. Comme toute nouvelle administration, celle-ci invite les Congolais et les Congolaises au travail, à travers l'opération « *Retroussons les manches* » pour sortir le pays de cinq années de désordre. Conséquence d'une dictature féroce, commencée avec la pendaison publique de quatre politiciens, la période qui débute en 1965 et qui va se prolonger jusqu'en 1980, est celle d'une stabilité politique apparente au cours de laquelle fût établi un projet politique, « *Le Manifeste de la N'Sele* ».

Grâce à une conjoncture économique favorable sur le marché mondial des métaux précieux comme le cuivre et le cobalt, principales sources de devise du Congo, de nombreux chantiers et projets économiques sont mis en place, notamment la création du Zaïre monnaie qui valait deux dollars américains et qui faisait partie du club select des dix monnaies les plus fortes au monde, dit « *Club de dix* ». Des espoirs des Congolais étaient revigorés par d'autres initiatives du Nouveau Régime comme « *Objectif 80* », dont la vision était de placer le Congo-Kinshasa en tête de peloton de trois pays économiquement les plus performants du monde ; le « *Plan Mobutu* », qui visait la réhabilitation de grandes infrastructures, un genre de New Deal à la congolaise. Et enfin l'opération dite de

« *Zaïrianisation* », visant la création d'une classe économique moyenne congolaise en expropriant les étrangers de leurs entreprises. Cette opération qui s'est soldée par un fiasco brutal, fût suivie par une autre dite de « *Rétrocession* » qui tentait en vain de réparer l'erreur en restituant aux anciens propriétaires leurs entreprises. Mais le mal était déjà fait et la rupture de confiance était telle que l'.économie congolaise n'a pu se remettre depuis.

Du fait de la mauvaise gouvernance et des objectifs économiques mal structurés, la dictature en place, rongée par le clientélisme politique et le tribalisme, n'a pu conduire à bout ses projets. C'est la période de l'enrichissement illicite des barons du régime et de la grogne sociale en début des années 80. Sur le plan politique commencent au sein du Parlement de l'époque les interpellations politiques des gouvernants, ministres et directeurs généraux d'entreprises publiques. Sur le plan social, il naît chez le Congolais une prise de conscience sur la manière dont les dirigeants pillent le pays au détriment du peuple. Des politiciens se désolidarisent du président Mobutu et l'affichent publiquement en créant en 1982 un parti politique, l'Union pour la Démocratie et le Progrès Social, UDPS, qui a longtemps vécu dans la clandestinité, car la constitution du pays sous la dictature n'autorisait pas le multipartisme.

Période de 1981 à 1996 : La période de 1981 à 1996 se caractérise par une crise économique consécutive à la mal gouvernance des années 1960-1980. La dévaluation quotidienne du Zaïre-monnaie, le clientélisme politique, le tribalisme et le détournement des fonds publics par les dirigeants impunis, encouragés par la complaisance au sommet de l'État. La paupérisation sans précédent des habitants a engendré une crise sociale et mis à nu la mauvaise gouvernance économique et politique du pays et la faiblesse structurelle de notre mode de gestion économique. C'est la période de la descente aux enfers, du gangstérisme et du chacun pour soi. La RD Congo s'apparentait alors à un Farwest américain des siècles antérieurs.

Le patrimoine économique est spolié et l'État est incapable d'assurer l'ordre public et la protection du patrimoine national. Je me souviendrai toujours, pour avoir vécu personnellement ces évènements malheureux, de la révolte des militaires de 1990 et 1992, suivis des pillages des biens et propriétés des privés. Des militaires entraient dans les résidences des particuliers, riches comme pauvres, pour tout prendre de force, violer femmes et filles et parfois tuer ceux qui tentaient de leur opposer une résistance. Je me souviendrai encore des vols des voitures par des « éléments armés non contrôlés », du hold-up à la Banque centrale du Zaïre par un hélicoptère de l'armée, je me souviendrai, je me souviendrai et je me souviendrai encore de ce moment de terreur où la population était livrée et abandonnée à la vindicte des militaires affamés, sans foi ni âme qui s'en prenaient aux pauvres citoyens, au lieu de se retourner contre ceux qui les affamaient, ignorance quand tu nous tiens.

En 1995 et surtout en 1996, plus personne ne se sentait en sécurité. On sentait la fin de règne d'un pouvoir omnipotent de 30 ans. Les dirigeants politiques faisaient fuir leurs familles, femmes et enfants à l'étranger. C'est en ce moment que j'ai dû quitter le Zaïre en faisant sortir ma famille pour immigrer au Canada. Le dictateur Mobutu était tombé malade et hospitalisé en Suisse. Une rébellion éclatait à l'est du pays, sous l'impulsion des pays voisins le Rwanda, l'Ouganda et le Burundi, qui chassa Mobutu en mai 1997 pour installer au pouvoir Laurent-Désiré Kabila.

Période de 1997 à 2017 : Depuis 1997 jusqu'en 2017, au moment où j'écris ce livre, la situation de la RDC est dominée par des conflits militaires interminables, la destruction des infrastructures économiques et sociales et une autre gouvernance de prédation. Dans le secteur minier, le nouveau code minier très libéral, mis en place depuis avril 2005, est critiqué pour l'accent trop porté sur la rentabilité du projet minier et très peu sur le développement national. L'État est complètement affaibli au bénéfice d'une libéralisation à outrance et un manque d'objectif de développement. Ce code minier consacre le mode de gouvernance économique de prédation, « la prédatocratie ».

Mon premier retour en RDC intervient en mars 2010, après quinze années passées au Canada. J'ai eu à constater deux choses sur le plan économique et social par rapport à ce que j'avais laissé en 1996 : La première est une modernité apparente, avec de nouveaux bâtiments en construction propriétés des expatriés libanais, indiens et des barons du régime en place et deux grandes routes agrandies et rafistolées, les Boulevards du 30 juin et Lumumba, et la construction du Boulevard Triomphal. La deuxième est une économie dominée et tenue par les étrangers et l'absence d'une véritable classe moyenne congolaise et une misère noire visible et dominante dans les masses populaires. Il s'est créé, par exemple, plusieurs banques commerciales et institutions de microcrédits tenues par des non-Congolais. Dans un pays où le contrôle et la gouvernance sont quasi-inexistants, il va s'en dire que les profits et autres avantages générés dans ces sociétés servent d'abord les étrangers et sont transférés dans leurs pays au détriment de la population locale. Dans le secteur des sociétés du portefeuille de l'État, le gouvernement a mis en place une politique de transformation, privatisation et liquidation des entreprises publiques.

Constat d'échec et irresponsabilité généralisée

Du constat global de notre économie, il ressort le fait qu'elle reste une économie coloniale basée sur la production d'exportation et dont les structures sont destinées à approvisionner l'économie mondiale en matières premières brutes du sol et du sous-sol. Le développement du marché intérieur et la promotion d'un tissu économique intégré n'a pas été au rendez-vous durant les six décennies de l'indépendance de la République Démocratique du Congo. L'économie nationale souffre d'un déficit structurel qu'il faille repenser et transformer pour recentrer l'appareil de production sur le développement national. Tel est le défi à relever dans le domaine économique pour le Congo.

Un autre mode de gouvernance économique s'impose aussi sur les pratiques et cultures managériales au pays. Au niveau des entreprises d'État, les pratiques de prédation ont réduit la capacité d'autofinancement de ces entreprises, ce qui affecte sérieusement le maintien de l'outil de production.

La République Démocratique du Congo ressemble à un bien abandonné. Sur le plan politique et social les assassinats, les tueries, les viols des femmes sont le quotidien des populations abandonnées à leur propre sort. Sur le plan économique, la richesse est accaparée par quelques barons du régime omnipotents et intouchables, les dirigeants d'entreprise et les clans au pouvoir. Le capharnaüm congolais appelle une cure de cheval et un changement de mentalité dans toutes les sphères de la vie nationale. Le bout du tunnel passe par la résolution des défis sur tous les plans : politique, économique et de gouvernance.

Il serait arrogant de la part de qui que ce soit de prétendre être en mesure de cerner tous les défis auxquels la République Démocratique du Congo fait face à ce jour.

Je pourrais, toutefois, à travers mon expérience et ma formation, analyser la situation de la RD Congo à travers trois grands défis : défi politique et de sécurité, défi économique et social et enfin défi de gouvernance.

Chapitre 2
Les défis congolais

Défi politique et de sécurité nationale

Du point de vue politique, la RDC est confrontée aux problèmes de sa vraie démocratisation, bien que le pays se dise république démocratique. En effet, la démocratie suppose une séparation des pouvoirs législatif, exécutif et judiciaire. Or, cette vérité est loin d'être évidente en République Démocratique du Congo dirigée depuis 1965 par des dictatures et où on assiste depuis à des violations systématiques des droits humains. La démocratie, qui suppose aussi l'existence d'une pluralité d'options et de propositions généralement incarnées dans des partis politiques et des leaders ayant la liberté de s'opposer et de critiquer le gouvernement, est largement foulée aux pieds dans notre pays.

Dans les faits, la République Démocratique du Congo n'a de démocratie que le nom. Le pays est dirigé depuis 1965 par des dictateurs qui ont concentré, depuis lors, entre leurs mains les pouvoirs législatif, judiciaire et exécutif sans contrepoids reconnu dans une vraie démocratie et manipulent à leur guise le comportement et la vie des acteurs politiques.

La non-existence de culture politique

Conséquence d'un tel abrutissement politique est que les politiciens congolais dans une grande majorité manquent depuis 1965 d'idéal, de vision et de culture politique qui impliquent l'existence des valeurs et des normes qui guident leurs attitudes politiques et structurent leurs rapports avec le pouvoir. Si sous d'autres cieux, la politique est un domaine où on entre pour servir son pays et son peuple, en RDC les gens s'engagent en politique pour leur enrichissement personnel.

La vision politique de développement et de service au profit de son pays, les valeurs et les normes d'intégrité de gouvernance, qualités qui font d'un homme politique un homme d'État, ont été tronquées au bénéfice des simples affabulateurs. Tout récemment, l'ancien premier ministre togolais, Eden Kodjo, dans une interview au magazine d'information Jeune Afrique du 19 décembre 2016 disait du politique congolais : « J'ai eu affaire à une classe politique à la fois brillante, adepte des faux-fuyants, intelligente, toxique… L'argent joue un rôle prépondérant : en Afrique de l'Ouest, les gens pensent qu'ils sont riches quand ils ont 100 millions de F CFA. Ici, ils le sont quand ils ont la même somme, mais en dollars. »

Mon propos dans ce livre n'est pas de m'appesantir sur le défi politique, mais comme c'est la mauvaise politique en place dans notre pays depuis 1960 qui est à la base de notre échec général, je ne peux ne pas faire un tableau archétype de notre monde politique et surtout de ses acteurs, responsables de notre désarroi commun. En effet, bien que l'économie détermine, c'est la politique qui domine en fin de compte. En d'autres termes, quelle que soit l'abondance des richesses naturelles d'un État, lorsque la classe politique est corrompue, le bonheur des populations reste un leurre.

Je note en conclusion de ce chapitre que la confiscation du pouvoir par quelques individus et la non-observance des principes démocratiques ainsi que l'absence de culture politique ont engendré plusieurs conflits et rebellions armés depuis l'accession du pays à l'indépendance. Étant moi-même convaincu que la démocratie est gage de paix et de développement, j'insiste à dire que notre pays se relèvera lorsqu'il relèvera le défi de sa démocratisation. Le changement voulu et souhaité par tous les Congolais est d'abord un problème des Congolais eux-mêmes qui se choisissent leurs dirigeants et c'est aussi un problème de leadership, de volonté politique et de respect de constitution. Il y a lieu ici de saluer la bravoure du peuple congolais qui, au prix le plus fort, lutte pour réinstaurer l'ordre constitutionnel normal au pays après la non-organisation des élections 2016 à la fin du dernier mandat du pouvoir du Président Kabila. C'est au bout de cette lutte que la RDC pourra envisager son développement dans un climat apaisé d'alternance politique à la tête du pays. En plus, une longévité au pouvoir est créatrice des systèmes et vices que nous déplorons aujourd'hui.

Défi économique et social

Du fait de l'absence réelle de démocratie, le pays a été endeuillé plusieurs années durant par des conflits armés de lutte de pouvoir depuis son indépendance, hypothéquant ainsi gravement son développement économique.

Les systèmes dictatoriaux qui gouvernent le pays depuis des années ont créé des vrais systèmes de prédation, paupérisant ainsi plus de 90% de la population au bénéfice d'une caste des privilégiés proches et amis du régime. Un panel africain de haut niveau sur les flux financiers illicites, conduit par l'ancien président sud-africain Thabo Mbeki, a visité la RDC fin août 2013 et a noté que seulement 15% des minerais extraits du pays sont déclarés aux autorités fiscales. Cette situation constitue un frein à tout projet de développement économique et social en privant le pays des ressources financières nécessaires.

Aucun véritable plan de développement économique n'a été mis en place par les dictatures qui se sont succédé et les quelques plans cosmétiques faits pour des besoins de propagande n'ont servi que des intérêts particuliers, des apparatchiks du pouvoir. Sous d'autres cieux, les entreprises publiques de l'État sont des véritables instruments de politique économique alors qu'en RDC, elles n'ont eu comme rôle que de servir les personnes appelées à leur gestion. Une gestion de prédation et de spoliation s'est installée au sein de ces entités sans contrôle réel du gouvernement censé protéger ces patrimoines nationaux.

Jadis fleuron de l'Afrique avec un PIB qui se comparait à celui du Canada ou de la Corée du Sud, le Congo-Belge devenu République Démocratique du Congo, rivalise avec les pays moins nantis de la planète et dépourvus de ressources naturelles comme elle. Les dirigeants congolais se sont même battus bec et ongles pour faire admettre le pays dans la catégorie des Pays Pauvres Très Endettés, PPTE. La RDC est jugée par d'aucuns comme un vrai scandale : Scandale géologique du fait de ses ressources naturelles qui font des jaloux sur la planète, mais aussi scandale par la pauvreté de son peuple, classé parmi les plus pauvres au monde. Relever le défi socio-économique est un devoir pour tout pays et le Congo d'aujourd'hui devra s'atteler et se donner les moyens de sortir du sous-développement social et économique. La RDC a réellement besoin des réformateurs.

Défi de gouvernance

L'absence de culture politique de la part des politiciens a impacté négativement la culture de gouvernance nationale du pays. Comme pour le défi politique et économique, la gouvernance apparaît, à ce jour, comme un défi important à relever dans notre pays pour aligner la

RDC sur le rang des pays modernes. La mal gouvernance, causée par l'absence de volonté politique, a détruit notre tissu économique national fait de prédation et de gabegie.

La mauvaise gouvernance des institutions nationales se révèle être la cause principale de notre débâcle collective au Congo-Kinshasa. L'ancien Secrétaire général des Nations Unies, le Ghanéen Koffi Annan, disait de la bonne gouvernance qu'elle était la seule et unique voie pour mettre fin à la pauvreté et pour soutenir le développement. Le concept de gouvernance à la mode depuis quelques décennies se conçoit comme l'exercice du pouvoir pour l'atteinte du bien commun. Il est défini comme un ensemble des règles et des processus collectifs, formalisés ou non, par lesquels les acteurs concernés participent à la décision et à la mise en œuvre des actions publiques. Dans la partie ci-dessous, j'analyse cette notion de gouvernance redevenue d'actualité depuis la décennie 1990.

DEUXIEME PARTIE
NOTIONS DE GOUVERNANCE ET DE GOUVERNANCE D'ENTREPRISE

« Good governance is the single most important way to
end poverty and support development »
Kofi Annan

Nous devons reconnaître cette vérité fondamentale,
à laquelle vous avez donné vie au Ghana :
le développement dépend de la bonne gouvernance.
C'est un ingrédient qui a fait défaut pendant beaucoup
trop longtemps, dans beaucoup trop d'endroits (...)
L'Afrique n'a pas besoin d'hommes forts,
elle a besoin d'institutions fortes ».
Barack Obama, Accra (Ghana), le 11 juillet 2009

Chapitre 3
La notion de gouvernance

De nos jours, à voir l'usage qui est fait du terme gouvernance, il m'amène à croire qu'un besoin de clarification est réel.

Étymologiquement, le mot gouvernance est issu du latin gubernare et du grec kubernân, signifiant « diriger un navire », attesté dès le XIIIe siècle comme synonyme de gouvernement. Sa signification va ensuite évoluer en fonction, d'une part, des transformations historiques des sociétés qui vont l'employer et d'autre part, de ses migrations transfrontalières, et principalement transatlantiques. À l'origine, au XIII° siècle en France, les termes gouvernance, gouverne et gouvernement, ne semblaient pas véritablement distincts sur le plan sémantique. Renvoyant tous à la métaphore du gouvernail d'un navire, ces notions signifiaient « l'action de piloter quelque chose ».

L'émergence de l'État moderne à partir du XVI° siècle et la réflexion conceptuelle sur le pouvoir que ce phénomène a suscitée, a progressivement conduit à la différenciation de la notion de gouvernement par rapport à celle de gouvernance. Les réflexions philosophiques de Machiavel sur l'État ont contribué à forger progressivement la conception d'un État monopolisant l'intégralité du pouvoir s'exerçant sur une population circonscrite à un territoire donné. Dans cette perspective, dit Raphaël Canet[3] « la notion de gouvernement s'associe à l'idée du pouvoir stato-centré et hiérarchisé, elle

[3] Canet (Raphaël), « Qu'est-ce que la Gouvernance ? », Séminaire sur les nouveaux modes de gouvernance, UQAM, Montréal, 16 mars 2004

s'apparente « aux réflexions sur l'autorité de l'État comme totalité[4]». Parallèlement, la gouvernance, prise dans le sens de la science du gouvernement signifie la manière de gérer adéquatement la chose publique indépendamment de la question du pouvoir. C'est selon cette conception, plus liée à l'idée de gestion qu'à celle de pouvoir, que la gouvernance va s'exporter vers le monde anglo-saxon, notamment les États-Unis.

Ainsi, se nourrissant du pragmatisme américain, la notion de gouvernance va occuper une place de choix dans l'analyse méthodique des politiques publiques, de la gestion, voire de la sociologie des organisations. Le terme rejaillit dans les années 1990 pour « référer à un pilotage pragmatique des pouvoirs[5]», tendant ainsi à reconquérir son sens politique initial.

La gouvernance aujourd'hui

Dans un monde en pleine transformation, la notion de gouvernance réapparaît au début des années 1990 et s'inscrit dans les processus classiques de prise de décision en tenant compte de la multipolarité naissante. Il est apparu nécessaire de repenser les rapports entre les différents acteurs et parties prenantes, que ce soit au sein des entreprises, dans les États nationaux ou dans le système mondial. De nos jours, l'idée de gouvernance est alimentée essentiellement par deux sources : la gouvernance des institutions politiques et la gouvernance d'entreprise d'inspiration américaine.

La première source, plutôt européenne, permet d'ajuster les rapports entre divers partenaires publics et privés, évoluant à des échelles de pouvoirs différents et

---

[4] Gaudin (Jean-Pierre), « Pourquoi la gouvernance ? », Paris, Presses de la FNSP, col. La bibliothèque du citoyen, 2001, P28
[5] Ibid, p.30

complexes, voire enchevêtrées. L'idée principale est de prendre des décisions, jugées efficaces, concernant des actions publiques compte tenu de cette complexité institutionnelle. La gouvernance des institutions politiques vise une coordination pratique entre les multiples parties prenantes présentes ainsi que l'élaboration pragmatique et négociée des normes et des instruments de régulation. Ce type de gouvernance ne faisant pas l'objet de cet ouvrage, je n'en fais pas un long étalage.

La seconde source, développée principalement en contexte américain, se situe dans le prolongement des modifications structurelles de l'économie qui ont conduit à la remise en cause du modèle fordiste[6] de production de masse. Le nouveau mode de gestion de la *corporate governance* explore ainsi la voie d'un fonctionnement moins hiérarchique de l'entreprise, en se fondant sur le postulat du choix rationnel dans un contexte de libre circulation de l'information et de collaboration. En d'autres termes, la gouvernance désigne l'ensemble des mesures, des règles, des organes de décisions, d'informations et de surveillance qui permettent d'assurer le bon fonctionnement d'une organisation qu'elle soit publique ou privée.

---

[6] Le Fordisme, modèle d'organisation que l'on doit à l'Américain Henry Ford est basé sur une production standardisée de masse, la division du travail et la hiérarchisation.

Chapitre 4
La Gouvernance d'entreprise

Gouvernance versus gestion

En matière d'entreprise ou d'organisation, la notion de gouvernance est principalement liée à l'ensemble des structures, fonctions, processus et culture mis en place pour atteindre des objectifs stratégiques inscrits dans la vision et l'orientation stratégiques de l'organisation dans un environnement donné.

La gouvernance est de la responsabilité du conseil d'administration qui s'assure que l'entreprise remplit sa mission, sa vision et son orientation stratégique, respecte ses valeurs, demeure viable à long terme, et que sont mis en place l'ensemble des mesures, des règles, des organes de décision, d'information et de surveillance qui permettent d'assurer le bon fonctionnement et le contrôle de l'organisation et la responsabilité des dirigeants vis-à-vis des parties prenantes, actionnaires, employés et communauté.

La gestion se rapporte à la mise en œuvre au jour le jour de la vision et de l'orientation stratégique de l'entreprise. La gestion porte sur la planification, l'organisation, la gérance et le contrôle sur terrain du quotidien de l'entreprise. La gestion est assurée par le comité de gestion qui s'assure de maintenir l'équilibre entre les ressources disponibles, humaines et financières, et l'atteinte des objectifs stratégiques de l'entreprise. La capacité de gérer nécessite une accumulation de connaissance et savoir, d'expérience et de savoir-faire.

En résumé, il faudra noter que la gouvernance se préoccupe de faire les bonnes choses « doing the right things », tandis que la gestion se soucie de bien faire les choses « doing the things right ».

Les fonctions de gouvernance

Dans ses analyses sur la notion de gouvernance, la Banque Mondiale souligne qu'à travers ses pouvoirs et prérogatives de gouvernance, le Conseil d'administration exerce les fonctions suivantes :

1. ***La direction stratégique*** de l'entreprise par un leadership qui veille sur l'utilisation optimale des ressources humaines, financières et technologiques de l'entreprise. Il analyse, revoit et approuve continuellement les programmes ainsi que les politiques de la direction.
2. ***La surveillance managériale*** de la performance des programmes et des ressources. Il approuve les budgets annuels, les plans d'affaires et les plans des dépenses en capital. Il veille à la haute performance, à l'efficacité des processus et à l'application correcte des lois et règlements de l'entreprise.
3. ***L'implication des parties prenantes.*** Le Conseil d'administration s'assure de la protection par la gestion des intérêts des parties prenantes qui sont les actionnaires, le peuple et les travailleurs.
4. ***La gestion des risques***. Le Conseil d'administration établit des politiques de gestion des risques et leur implantation.
5. **La gestion des conflits d'intérêts**. Le Conseil d'administration surveille et gère les potentiels conflits d'intérêts au sein de l'équipe dirigeante, le

conseil d'administration et le comité de gestion avec l'exécution des programmes.

6. ***L'audit et évaluation.*** Le Conseil d'administration s'assure de l'intégrité de l'information comptable et des rapports financiers et des rapports de l'audit. Il s'assure que l'évaluation faite conduit à l'amélioration des pratiques de gestion au sein de l'entreprise.

Les fonctions de gestion

La gestion courante d'une entreprise varie d'une entité à une autre en fonction de plusieurs facteurs tels que la taille de l'entreprise, l'environnement externe, la nature et la complexité des activités. Bien que la liste ne soit pas exhaustive, il y a lieu de noter que les fonctions de gestion se résument globalement par quatre piliers de gestion suivants : la planification, l'organisation, la direction et le contrôle. La gestion reste un processus dynamique en quatre étapes qui consiste donc à Planifier, Organiser, Diriger et Contrôler.

1. ***La Planification :*** La planification est considérée comme la fonction centrale de la gestion parce qu'elle place le modèle pour que les autres activités suivent. La planification représente le processus par lequel un gestionnaire établit les objectifs à atteindre et prépare les plans de travail devant mener à la réalisation des objectifs stratégiques. Planifier, c'est évaluer les conditions futures et dresser le programme des initiatives à prendre afin de réaliser les objectifs visés. Ces éléments sont concernés par le succès d'organisation dans un proche avenir aussi bien que le succès dans un avenir plus éloigné. Projetant au futur, le manager développe une stratégie pour y arriver.

2. ***L'Organisation :*** L'organisation pour le manager consiste à s'assurer de la disponibilité des ressources pour effectuer un plan. La fonction comporte l'attribution de charge, le regroupement de charges dans des départements, et la répartition des ressources aux départements. Trois éléments sont essentiels à l'organisation : développer la structure de l'organisation ; repartir les ressources humaines ; établir des modèles et des réseaux de communication

3. ***La Direction :*** Diriger ou conduire son organisation est une autre fonction de base du manager. Cette fonction consiste à motiver les employés pour réaliser des buts d'organisation. Le manager incite les employés à participer à la réalisation des objectifs de l'organisation. La fonction de direction se résume donc par : la motivation des employés, les influencer et la constitution des groupes efficaces

4. ***Le Contrôle :*** La phase finale du processus de gestion consiste à recourir à des moyens de surveillance des activités des employés afin de s'assurer de l'atteinte des buts de l'organisation et faire des corrections ou ajustements au besoin. Le contrôle permet de s'assurer de l'efficacité de ce qui a été planifié. Le contrôle est un processus continu. Toutes ces fonctions de gestion sont corrélées entre elles.

TROISIEME PARTIE
SOCIÉTÉS D'ÉTAT
COMME INSTRUMENTS
DE POLITIQUE ÉCONOMIQUE

« En raison du climat de changement dans lequel nous vivons, tous les paliers de gouvernement cherchent de nouveaux modes de prestation de programmes. Le recours aux sociétés d'État devient donc de plus en plus important, tout comme la manière dont nous surveillons la direction et la gestion des entreprises publiques »

Paul Martin[7]*, ministre des finances du Canada et Marcel Massé, président du Conseil du Trésor du Canada, 1996*

---

[7] Paul Martin est devenu premier ministre du Canada de 2003 à 2006.

Chapitre 5
Sociétés d'État dans le monde : Instruments de développement

Une société d'État ou entreprise publique est une organisation de forme hybride qui participe à la mise en œuvre des politiques gouvernementales et ayant parfois une vocation commerciale. Ressemblant à une entreprise privée par sa vocation commerciale et ses activités au jour le jour, elle est attachée au secteur public pour ses activités liées à la mise en œuvre de politiques de développement et par ses processus de reddition de comptes.

Dans des pays organisés, les gouvernements mettent en place des mécanismes de contrôle couvrant les points essentiels suivants : plan stratégique, rapport annuel, vérification financière et de performance, avis du ministre de tutelle, etc. Il a été noté que la difficulté de contrôler ce type d'organisations a justifié aux yeux de plusieurs leur privatisation.

Néanmoins, les travaux récents sur la gouvernance des entreprises ont permis de repenser les lacunes reliées aux difficultés de contrôle. On note aujourd'hui à travers la planète que les entreprises publiques ou sociétés d'État jouent un rôle capital dans l'économie des nations.

Dans son article intitulé « La Gouvernance dans tous ses états », le professeur Claude Laurin[8] qui s'est penché sur la

---

[8] Claude Laurin est titulaire d'un Ph.D en administration de l'Université de la Colombie Britannique, Canada et membre de l'ordre des comptables en management accrédités, CMA du Québec,

gouvernance et la question du rôle de l'État au sein de l'économie dit en substance ceci : « Ce sont des mécanismes externes de gouvernance, principalement liés à la profondeur du marché des produits ou du marché des capitaux, qui président à un certain maintien du rôle de l'État dans l'économie. Paradoxalement, ce sont des lacunes liées à des mécanismes internes de gouvernance qui sont généralement invoqués pour justifier la diminution du rôle de l'État. L'inaptitude du gouvernement à motiver une gestion efficiente des organisations gouvernementales ou à représenter les intérêts du public-actionnaire mettent en doute la capacité de l'État à gérer avec efficience tout type d'organisation. » De l'analyse de Claude Laurin il se dégage aussi que l'État est souvent présent dans des économies peu structurées où la concurrence est limitée, en vue de favoriser le développement des marchés, en y jouant ainsi un rôle d'adjuvant économique. Ainsi conclut-il, le rôle de l'État devrait augmenter en relation directe avec la faiblesse des mécanismes externes de gouvernance et qu'on réserverait un rôle économique important à l'État dans une économie en développement. Dans ce type d'économie, l'État peut, par une gestion juste et éclairée des ressources locales, se substituer à la faiblesse des mécanismes externes de gouvernance, en assurant une redistribution efficiente des fruits de l'exploitation des ressources en agissant comme un catalyseur de l'économique et favorisant le développement de marchés. Cet argument est aussi défendu par l'ancien président de la Banque mondiale, l'économiste Joseph Stiglitz (2002), prix Nobel de l'économie cité par Claude Laurin. Stiglitz dénonçait en ce temps les privatisations hâtives imposées au sen d'économies en développement par le Fonds monétaire international.

---

professeur titulaire à HEC Montréal en sciences comptable dont la recherche porte sur la gouvernance des sociétés

On note donc le principe qui veut que le rôle des entreprises publiques dans l'économie tient beaucoup plus au niveau de développement de cette économie. Plus l'économie est développée, moins importante est la présence des entreprises publiques. Ce principe n'est toujours pas vérifié dans le monde, car, comme nous allons le voir dans la suite de notre analyse, que plusieurs gouvernements des pays développés assurent une intervention directe dans l'économie à travers les entreprises publiques de l'État alors que la structure économique est favorable à la libre concurrence.

Nous examinerons tour à tour le rôle des sociétés d'État au Canada, dans la province du Québec au Canada, en France et dans certains pays d'Asie et aussi en République démocratique du Congo depuis l'époque coloniale jusqu'à nos jours.

Les sociétés d'État au Canada

Au Canada, d'après l'analyse de Carole Simard[9], professeur à l'UQAM, Université du Québec à Montréal, le développement des entreprises publiques a eu lieu à des moments et selon des rythmes différents, et leur importance respective et relative est un indice parmi tant d'autres que l'État change et qu'il se structure différemment. Des ressources financières et humaines importantes qui y sont consacrées en témoignent.

L'extension du secteur public canadien ne s'effectue pas uniquement dans les secteurs social et culturel. La liste des sociétés du portefeuille d'État canadien couvre presque tous les secteurs de la vie économique :

---

[9] Simard (Carole), Les entreprises publiques : éléments d'analyse et de réflexion. Cahiers de recherche sociologue 15, 1990 :107-126.DOI :10.7202/1002116ar.

Agriculture et Agroalimentaire, Industrie, Ressources naturelles, Transports, Infrastructure et Finances.

Il est important de souligner que l'implication de l'État canadien dans la gestion de ces sociétés d'État ne se réduit pas à la nomination des membres de conseil d'administration et autres directeurs généraux d'entreprises. Des lignes directrices sur la gérance de ces sociétés sont établies par le gouvernement canadien. Ces lignes directrices déterminent les attentes du gouvernement du Canada en matière de surveillance des activités et des affaires des sociétés d'État. Sur la régie des sociétés d'État et autres entreprises publiques, voici ce que disent en 1996 Paul Martin et Marcel Massé[10] sur le site internet du Conseil du Trésor du Canada : « En raison du climat de changement dans lequel nous vivons, tous les paliers de gouvernement cherchent de nouveaux modes de prestation de programmes. Le recours aux sociétés d'État devient donc de plus en plus important, tout comme la manière dont nous surveillons la direction et la gestion des entreprises publiques »

Les sociétés d'État au Québec

Nous ne pouvons parler du Canada, sans faire référence à la Province francophone du Québec dont le retard économique par rapport à l'ensemble du Canada s'accentuait chaque année dans les années 1950. Le Québec, jadis appelé Canada français donne l'exemple typique d'une société en pleine mutation économique depuis la fameuse « Révolution tranquille » des années 1960. Pour compenser la faiblesse de la structure économique de son industrie et relancer son économie, le gouvernement du Québec a eu recours aux entreprises d'État comme moteur de l'industrie. Voici ce que dit en

[10] Paul Martin et Marcel Massé furent respectivement en 1996 ministres des Finances et Présidents du Conseil du Trésor du Canada

1979 dans son livre « Les sociétés d'État et les objectifs économiques du Québec » Pierre Fournier11 : « La création et le développement d'un réseau d'entreprises publiques a, sans contredit, été un des éléments clefs de la politique économique des gouvernements québécois depuis le début des années soixante. Malgré des moyens relativement faibles, le gouvernement est intervenu directement dans un grand nombre de secteurs économiques, électricité, acier, mines, forêts, finance, gestion et pétrole, par le biais de sociétés d'État ». En effet, l'intervention de l'État québécois est grandement justifiée par un nombre important des problèmes, entre autres la faiblesse de la structure industrielle, le contrôle étranger de l'économie québécoise, le manque de capital-risque, les carences au niveau de l'innovation et de la recherche et l'absence d'une véritable classe moyenne québécoise.

Plusieurs hommes politiques québécois se sont accordés à dire que l'État doit ou devrait, à des degrés divers, jouer un rôle de catalyseur et de leader dans l'accroissement du pouvoir économique des Québécois et le gouvernement était le principal instrument qui permettrait aux Québécois d'atteindre leurs aspirations. Le premier ministre du Québec, Jean Lesage[12] affirmait le 3 juin 1961 devant la Fédération des Sociétés Saint-Jean Baptiste :

> « ...le seul puissant moyen que nous possédons, c'est l'État du Québec...si nous refusons de nous servir de notre État, par crainte ou préjugé, nous

[11] Pierre Fournier, professeur en Science politique à l'Université du Québec à Montréal, UQAM en 1979 page 8.

[12] Jean Lesage, Premier ministre de la Province de Québec du 22 juin 1962 au 16 juin 1966.

> nous priverions alors de ce qui est peut-être l'unique recours qui nous reste pour survivre… ».

Les gouvernements successifs du Québec ont eu à recourir aux sociétés d'État pour réaliser les objectifs économiques de la Province. Plusieurs sociétés d'État aux objectifs divers ont vu le jour depuis et assurent la croissance et le développement économique de la province. Pour relever le défi de gouvernance de ses sociétés d'État, le gouvernement du Québec a, au début de l'année 2006, présenté un énoncé de politique intitulé « Moderniser la gouvernance des sociétés d'État » par lequel il s'engagea à déposer un projet de loi à l'automne 2006 favorisant la modernisation de la gouvernance de ses sociétés d'État. Par cet énoncé de politique, le gouvernement a indiqué sa volonté d'avoir des sociétés d'État performantes, transparentes et imputables.

Les sociétés d'État en France

En France, dit le professeur Carole Simard, l'existence des entreprises publiques remonte au XVIIe siècle et s'inscrit dans la tradition interventionniste étatique. Les entreprises publiques font partie d'un projet plus vaste de planification : les entreprises publiques contrôlées par l'État devraient permettre à celui-ci d'orienter sa politique économique.

Le projet de créer les entreprises publiques est plus complexe en France et découle de l'idée de mieux redistribuer les rapports entre le public et le privé. Les entreprises publiques ont ici souvent une forme juridique hybride, établissements publics industriels et commerciaux voulue par l'État pour concilier le contrôle public avec la souplesse de la gestion privée. L'établissement public industriel et commercial est un mode d'intervention non bureaucratique de la puissance publique et relève de considérations économiques. Mais ces interventions ne sont pas uniquement dues à ces derniers facteurs. Aujourd'hui les entreprises publiques d'État en France comprennent des sociétés industrielles et commerciales comme le chemin de fer, la poste, l'électricité, le gaz, les télécommunications et sont à la pointe de la modernisation industrielle.

Le secteur des entreprises publiques au Singapour et au Taiwan

Ha-Joon Chang[13] dit que le Singapour jouit de l'un des secteurs d'entreprises publiques les plus importants de par le monde et que le Taïwan, une province de la Chine, a réussi son « miracle » économique sur la base d'un grand secteur d'entreprises publiques subissant très peu de privatisations.

Le modèle colonial des sociétés à charte au Congo-belge

L'histoire nous enseigne que le développement économique du Congo-belge fût fondé sur une solide gouvernance des sociétés dites à charte. En effet, les sociétés à charte ont grandement contribué au budget de la colonie et à la construction des infrastructures dans l'espace Congo-belge, Ruanda-Urundi.

À l'origine, ne disposant pas de ressources financières suffisantes pour faire face aux dépenses occasionnées par l'exploitation de sa vaste colonie, le Roi des Belges recourra aux sociétés privées belges pour investir dans sa colonie à travers des chartes qu'elles signaient avec l'État indépendant du Congo, en sigle EIC. La particularité de ces sociétés à charte était qu'elles furent à la fois des

---

[13] Ha-Joon Chang est un économiste coréen spécialisé en économie du développement et professeur à l'université de Cambridge

organismes semi-publics et semi-privés qui signèrent des conventions avec l'EIC. Ce dernier leur donnait des pouvoirs étatiques sur les territoires qui leur étaient confiés pour occuper, faire louer, concéder ou mettre en valeur ou exploiter des forêts domaniales ou des gisements miniers et de percevoir des redevances. Du fait de cette pratique, l'État pouvait concevoir et mettre en œuvre des projets et s'assurer de la gestion en choisissant des hommes devant les mener à terme.

Trois compagnies, dont le rôle fût déterminant dans l'avenir du Congo-belge, voient le jour sous Léopold II. En 1886, le Capitaine Albert Thys, alors officier d'ordonnance de Léopold II fonde la première société à charte, la Compagnie du Congo pour le Commerce et l'Industrie, CCCI, en vue de préparer la construction du chemin de fer du Bas-Congo et de promouvoir les opérations de travaux publics, d'agriculture, d'industrie, de commerce et de finances au Congo. Le 15 avril 1891 fût fondé le Comité Spécial du Katanga, CSK et le 4 janvier 1902, la Compagnie des Chemins de Fer du Congo Supérieur aux Grands Lacs Africains, CFL. Par la suite en 1906, ces sociétés à charte vont s'associer aux grands groupes financiers, belges, en particulier, pour créer avec le concours de la Société Générale, l' l'Union Minière du Haut Katanga, UMHK ; la Compagnie du Chemin de Fer du Bas-Congo au Katanga, CFK ; la Société Internationale Forestière et Minière du Congo, FORMINIERE ; la Compagnie du Kasaï, COKA ; la Compagnie des Magasins Généraux, CMG ; la Société Anonyme Belge, SAB ; la Compagnie du Katanga ; la Compagnie des Produits du Congo, CPC ; l'American Congo Company, ACC; l'Intertropical Société Commerciale et Financière Africaine, INTERFINA. En 1928, une nouvelle société est fondée sous la dénomination du Comité National du Kivu, CNKI.

L'ossature du portefeuille des entreprises de l'EIC et du Congo-belge était constituée par ces sociétés à charte qui jouèrent un rôle déterminant dans la politique économique de l'État et assurèrent des revenus substantiels au budget de l'État colonial dans des proportions de 11% en moyenne.

Aujourd'hui, à l'échelle planétaire, de nombreuses entreprises publiques performantes sont dénombrées dans tous les pays du monde, développés et en développement et dans tous les domaines d'activité économique : énergie, électricité, transport, port et aéroport, banque, agriculture, commerce et services. Par exemple, la société de chemin de fer française (SNCF) et la Régie autonome des transports parisiens (RATP) ou celle de Hong Kong (AMT) sont considérées comme étant parmi les plus performantes du monde, comme le soulignent Roger Lanoue et Taïeb Hafsi[14]. Les aéroports sont aussi très souvent des entreprises d'État ou, plus récemment, des entreprises mixtes, avec des taux de réussite parfois impressionnants. C'est le cas de l'aéroport Chek Lap Kok de Hong Kong qui, a régulièrement été classé le meilleur aéroport du monde.

Ces deux auteurs soulignent d'après leurs analyses que les entreprises d'État sont capables de performance supérieure, quelles que soient les raisons qui ont mené à leur création. Cette performance est possible lorsque les règles du jeu sont claires et que les interférences de la part de l'État soient moins importantes dans la gestion courante. La gouvernance, disent-ils, est le rempart principal au succès des entreprises.

Hydro-Québec au Canada

[14] Lanoue (Roger) et Taïeb (Hafsi) « Société d'État ? Pourquoi pas ? Concilier politique et performance, les secrets de la réussite d'Hydro-Québec », Presse de l'Université du Québec, 2010

Si on demandait à un analyste financier du domaine de l'énergie quel type d'entreprise d'électricité peut réussir à faire passer son rendement, sur un avoir propre de plus de $ 15 milliards, de 3,4 % à plus de 11 % de façon durable en moins de dix ans, la réponse serait probablement la suivante : « une entreprise de capital privé qui, afin de satisfaire ses actionnaires, a réussi à faire augmenter les prix pour ses clients et à couper ses coûts de façon radicale ». En effet, plusieurs entreprises d'électricité privatisées, du Royaume-Uni par exemple, ont réussi ce type de performance. La réponse ne serait pas celle-ci : une société d'État de plus de cinquante ans dont 90% du personnel est syndiqué. Et c'est pourtant Hydro-Québec, une société d'État du gouvernement du Québec, créée en 1944 pour produire, transporter et distribuer l'électricité au Québec qui a réussi entre 1995 et 2004 un virage en matière de performance financière sans coupure brutale des ressources humaines et sans augmentation importante du tarif d'électricité pour les clients du Québec ; les prix ont augmenté moins que l'inflation durant cette même période, un cas assez unique dans le monde de l'énergie.

Les performances d'Hydro-Québec, de SNCF, de RATP et autre AMT sont tributaires de la mise en place d'un système de gouvernance d'entreprise particulièrement impressionnant dans ces organisations.

Chapitre 6
Entreprise publique et le développement de la RDC

Dans ses ambitions de développement, la RDC peut encore et doit toujours compter sur ses entreprises publiques. Nation jeune aux structures économiques encore désarticulées et fragiles, la RDC n'a pas le choix que de s'appuyer sur ses entreprises publiques pour son développement.

La RDC ne peut se permettre le luxe d'abandonner ses entreprises publiques pour s'appuyer sur les entreprises privées dont l'objectif est le seul profit des actionnaires. Les actionnaires des entreprises publiques de l'État sont les populations, aujourd'hui paupérisées. La satisfaction des populations se résume à l'obtention des services de qualités qui améliorent leur bien-être quotidien. Ces services vont du secteur de transport à celui d'eau et d'électricité, en passant par la communication et la télécommunication, l'agriculture et l'industrie des biens.

Au-delà de son rôle régalien ou pouvoir régalien rattaché à sa souveraineté et qui ne peut faire l'objet de délégation, l'Était doit faire des lois, assurer la justice et la sécurité publique, la défense, émettre de la monnaie, lever les impôts, assurer la douane, etc. L'État a également l'obligation de veiller au bien-être de son peuple en s'assurant que les patrimoines nationaux que sont par exemple, les entreprises publiques font l'objet d'une gouvernance correcte au bénéfice des populations qu'il protège.

Comme je l'ai montré précédemment, plusieurs nations ont eu recours aux entreprises publiques comme moteur de l'industrie pour compenser la faiblesse de la structure économique de leur industrie et relancer ainsi leur économie. En effet, en dépit des moyens relativement faibles, ces gouvernements sont intervenus directement dans un grand nombre de secteurs économiques, par le biais des sociétés d'État. Il revient au Gouvernement de la RDC de définir ses priorités économiques et la place qui devrait revenir à ces entités économiques importantes. En effet, l'État devra canaliser toutes ses énergies pour doter le pays d'un solide réseau d'entreprises publiques bien gérées avec des objectifs de développement clairs afin de créer de la richesse pour les Congolais dans tous les domaines : électricité, acier, mines, eau, forêts, finance, services, gestion, etc. Seuls des objectifs sociaux, impossibles à atteindre assez facilement par le laisser-faire du marché ou la seule réglementation des entreprises privées dont le but est le profit des actionnaires, permettent aux gouvernements de justifier politiquement le bien-fondé de la propriété d'un organisme d'intérêt public. L'objectif premier ou le mandat prioritaire des sociétés d'État est de créer de la valeur pour la société.

QUATRIEME PARTIE
RDC : SOCIÉTÉS D'ÉTAT DE 1960 À 2017 : GABEGIE, SPOLIATION ET ÉCHEC – À QUI LA FAUTE ?

« Connais-toi toi-même.
C'est en se connaissant, en cherchant en lui-même,
que l'homme peut trouver la sagesse »
Socrate

Chapitre 7
Le contentieux belgo-congolais

L'accession à l'indépendance du nouvel État congolais le 30 juin 1960 se fait sous le coup d'un contentieux, entre l'ancienne puissance coloniale avec la nouvelle République du Congo. On a coutume de présenter le contentieux belgo-congolais comme étant constitué de trois problèmes principaux, le premier qui est la dette publique ; le second qui est le portefeuille et les sociétés à charte ; le troisième couvrant les indemnisations que les citoyens belges résidant au Congo réclament au gouvernement congolais du chef des dommages causés au cours des évènements de 1960. En fait, ces divisions ne recouvrent pas exactement les trois problèmes juridiques, en ce sens que le problème de la dette et celui du portefeuille sont liés et ne relèvent que du même problème juridique, à savoir la dévolution des droits et des obligations de l'État du Congo belge à la République du Congo.

Le contentieux relatif aux Compagnies à charte est né de la loi du 17 juin 1960 qui invitait les sociétés de droit congolais, qui le désiraient, à se transformer en société de droit belge et à transférer en Belgique leurs sièges sociaux, privant ainsi à la jeune République d'environ 40 milliards de FB[15]. Notons que les sociétés du secteur minier contribuaient entre 1950 et 1960 pour 22.5% dans le PIB de la colonie et pour prêt de 60% des rentrées en devises et

[15] 30/06/1960 1FB=0.02$US ; 40 milliards de FB = 800 millions de US en 1960

que la seule UMHK contribuait pour 3 milliards de francs congolais pour un budget de 12 milliards. Plusieurs de ces sociétés optent pour la nationalité belge et leurs activités au Congo deviennent des filiales. Du fait de ce subterfuge, beaucoup de sociétés échapperont donc au contrôle de l'État congolais, nouvellement indépendant. Par décret royal du 27 juin 1960, le gouvernement belge dissoudrait le Comité Spécial du Katanga (CSK), la Compagnie des Chemins de Fer Supérieurs aux Grands Lacs Africains (CFL) et le Comité National du Kivu (CNKI). Ce vilain jeu de la part de la Belgique a eu pour conséquence la perte par le Congo du tiers des bénéfices du CSK, la majorité des parts dans l'UMHK et un nombre important de parts sociales et de droits de vote dans beaucoup d'entreprises du portefeuille de l'État et est à la base du « Contentieux belgo-congolais » qui nuira jusqu'à ce jour les relations entre le Congo et son ancienne métropole, la Belgique. Le gouvernement congolais a rejeté, le 29 novembre 1964, le décret-loi royal du 27 juin 1960. L'administration du président Mobutu, qui prenait le pouvoir le 24 novembre 1965 et même celle de Laurent Kabila qui lui succéda, trente-deux ans plus tard en 1997, ont toujours estimé que la Belgique s'est indûment approprié les entreprises qui ne lui appartiennent pas. En dépit des quelques moments de chantage de part et d'autre, le contentieux belgo-congolais n'a, jusqu'à ce jour, pas encore trouver une véritable solution. Il y a eu plusieurs tentatives de résolution de ce contentieux, mais sans lendemain, dont les accords de Rabat, le 26 juillet 1989 entre le président Mobutu et le premier ministre belge sous la médiation du Roi Hassan II du Maroc.

Chapitre 8
Le portefeuille de l'État congolais depuis 1960

De 1960 à 1965, le portefeuille de l'État n'est pas bien circonscrit du fait des crises politiques que traverse le pays. Suite à la confusion et aux conflits entre le Congo et l'ancienne métropole, il n'existait pas encore un cadre juridique approprié assurant leur fonctionnement.

En janvier 1967, une Direction du Portefeuille, qui devenait plus tard Direction générale du Portefeuille, fût créée au sein du ministère des finances. En août 1969, cette Direction a été confiée à la Présidence de la République, qui entreprit alors un inventaire du portefeuille des entreprises de l'État et élaborait pour chacune des sociétés une fiche de renseignements. Le 20 novembre 1970, l'Institut de gestion du portefeuille, IGP voyait le jour. Ses compétences incluaient la gestion du patrimoine de l'État et ses participations. Quatre-vingt-et-une entreprises d'économie mixte constituaient le portefeuille de l'État de l'IGP. Le 20 juin 1975 l'IGP était remplacé par le ministère du Portefeuille et reprenait toutes les compétences de l'IGP et aussi la gestion du contentieux issu de la zaïrianisation, la radicalisation et la rétrocession. C'est la loi-cadre no 078-002 promulguée le 6 janvier 1978 qui normalisait le fonctionnement des entreprises publiques en mettant en place des dispositions générales applicables à ces entreprises. Malheureusement, cette loi n'a pas permis un fonctionnement efficace des entreprises publiques, rongées par la mal gouvernance dont les tares sont la corruption, le favoritisme, le clientélisme, le tribalisme et l'incompétence des dirigeants. Saignées à blanc par des politiciens et leurs gestionnaires, les entreprises d'État congolaises connaissent alors leur descente aux enfers qui durent jusqu'à ces jours. La gabegie qui ronge les entreprises d'État, depuis la deuxième République jusqu'à ce jour, ne permet pas à celles-ci de participer à la relance de l'économie nationale.

En 2004, selon un document de la Banque mondiale, le portefeuille des entreprises publiques en République Démocratique du Congo comptait 114 entreprises[16] dont 58 à 100% propriétés de l'État congolais et 56 entreprises d'économie-mixte, réparties par secteur d'activité comme suit :

[16] Document of the World Bank, «Democratic Republic of Congo, Economic and Sector Work – Reforming Public Enterprises Through Improved Governance », March 10, 2004

Tableau no 1 – Portefeuille des entreprises publiques de la RDC en 2004

Secteur	100% État congolais	Économie-mixte	Total
Agriculture	8	7	15
Mine	5	5	10
Energie	3	7	10
Industrie	2	13	15
Transport	9	3	12
Communication	4		4
Services Financiers	8	4	12
Commerce	2	11	13
Hôtelerie	1		1
Travaux publics	2		2
Conservation	3		3
Médecine	1		1
Recherche	3		3
Formation	1		1
Services	6	5	11
Immobilier		1	1
Total	**58**	**56**	**114**

La situation financière de la quasi-totalité de ces entreprises rime entre banqueroute et privatisation après la création de Copirep. Une analyse exhaustive de chacune des entreprises publiques est impossible, car la plupart d'entre elles ne produisent pas des états financiers et même quand elles peuvent les produire, soit ils sont produits avec retard et leur fiabilité demeure questionnable.

Le même rapport de la Banque mondial[17] publié en 2004 souligne la pauvre qualité de gestion des treize plus grandes sociétés d'État congolaises à vocation commerciale, dont la SNCC, l'ONCPT, l'ONATRA, la Gécamines, la SNEL et la Régideso. La baisse constante du niveau d'activité, avec une productivité, dans certains cas, vingt fois plus basse que celle des entreprises similaires en Afrique. Le diagnostic fait état de faiblesse structurelle de gestion des sociétés d'État congolaises globalement considérées, des pratiques d'affaires anormales et de l'incompétence des dirigeants. Alors que la performance de ces entreprises est parmi les plus faibles au monde, des ponctions de fonds sont faites régulièrement par le gouvernement à titre de contribution au budget ou de paiement d'avance sur dividende. Pour survivre, ces entreprises ont accumulé des dettes, des arriérés de paiement de salaires des employés et des arriérés de paiement envers le gouvernement, à l'étranger et localement.

La faillite de l'État congolais a un impact très négatif sur le fonctionnement normal des entreprises publiques. En effet, l'État étant incapable de procurer à la population des services essentiels tel le transport en commun et la santé publique, beaucoup des sociétés d'État ont dû dévier de leur raison sociale, pour acheter des véhicules pour assurer, elles-mêmes, le transport de leurs employés et construire leurs propres centres médicaux pour leurs personnels. Et face à la modicité de l'allocation de pensions des employés, certaines entreprises publiques suppléent et accordent une allocation additionnelle à leurs retraités.

---

[17] Ibid, p.15

Chapitre 9
Observation générale

Connais-toi toi-même, disait Socrate. Cette assertion, sous sa forme impérative, indique que l'exigence de l'homme doit se porter sur sa nature. C'est en se connaissant, en cherchant en lui-même, que l'homme peut trouver la sagesse. Les nombreuses études menées sur notre pays ne cessent de confirmer que la République Démocratique du Congo a cessé d'être un État. Loin de nous offusquer, outre mesure, regardons la réalité en face et cherchons à endiguer le mal. L'échec est général et la gangrène de la mal gouvernance étend ses métastases partout, alors que le pays dispose d'un bassin d'intellectuels locaux et dans la diaspora de haut niveau, capables d'offrir au pays sa respectabilité recherchée en matière de management et de gouvernance.

Le Congo reste un pays de tous les paradoxes. Un des pays potentiellement les plus riches de la planète, mais dont les habitants sont parmi les plus pauvres au monde. La question est, comment sommes-nous arrivés à ce triste record. Qu'est-ce qui empêche le Congolais d'intégrer dans son moi les valeurs qui ont fait de certaines nations comme la Corée du Sud et le Brésil des puissances alors qu'hier elles connaissaient des situations aussi difficiles que la nôtre.

En guise d'introduction à ce chapitre, j'aimerais présenter un extrait de l'article publié par le quotidien congolais Le Potentiel en date du 30 septembre 2009 sous la plume de Willy Kabwe. Voici ce que dit ce journaliste sur la RDC et le Congolais en tant que peuple :

> « Ce qui manque à la RDC, ce sont les valeurs qui caractérisent les Nations qui se développent … le Congolais repose sur le pétrole, l'or, le diamant, le cuivre, le coltan et toute la multitude de richesses du sol et sous-sol….C'est à se demander s'il a conscience de la précarité de sa situation. Ce qui manque à la RDC, c'est le changement de mentalités ... le fait de se déterminer face aux défis présents et à venir... »

Le texte de M. Kabwe est, en soi, un cri de cœur aux Congolais de toutes les sphères de la vie nationale pour le conscientiser sur notre sort. Il s'agit d'un état de lieux sur le déficit mental structurel du Congolais pour le propulser dans la voie du progrès.

Willy Kabwe n'est pas le premier et ne sera pas le dernier si rien n'est fait pour changer notre façon de faire et de gouverner notre pays. Voici comment Duncan Geen18 résume la situation de la RDC en tentant de démontrer comment certains pays sont sortis du cercle de la pauvreté, et quels moyens ils ont mis en œuvre pour la combattre avec succès et améliorer ainsi substantiellement les conditions de vie de leurs citoyens :

> « In the early 1960s, the Republic Democratic of the Congo (formerly Zaire) had a national income per capita twice that of South Korea. Both countries have hungry, illiterate populations; both

[18] Duncan Green, op.cit., p.90, cité par Kayembe, Ndia-Bintu dans le livre "Reconstruire la République Démocratique du Congo P.240. Dr Duncan Green est conseiller stratégique principal à Oxfam Grande Bretagne

received substantial US aid; both were devastated by conflict. Since then, Korea has become one of the great development success stories of recent times, transforming the lives of its people while the DRC has slid further into economic decline and civil war. In large part, this divergence can be put down to the presence or absence of an effective, development-oriented state. »

Traduction : *Au début des années 60, la République Démocratique du Congo (ancien Zaïre) avait un revenu par tête d'habitant deux fois plus élevé que la Corée du Sud. Les deux pays ont connu la faim, des populations analphabètes, les deux pays vivaient de l'aide substantielle des Nations Unies, ils étaient dévastés par des conflits. Depuis alors, la Corée du Sud est devenue une des grandes histoires de réussite du temps présent, en transformant la vie de ses populations, tandis que la R.D. Congo est tombée loin dans un déclin économique et la guerre civile. Une grande partie de cette situation peut être expliquée par l'absence d'un programme de développement effectif de l'État.*

Pathétique et interpellant comme message. Aussi vrai que cela puisse l'être, le Congo ne se sortira de sa déliquescence que par le changement de mentalité et de gouvernance. L'étude sur les sociétés d'État n'est qu'un pan d'un échec global.

Dans le chapitre précédent, j'ai dit que les entreprises publiques congolaises sont en état de faillite générale. La banqueroute caractéristique de ces entités indispensables de l'économie nationale se décrit par l'absence de performance depuis plusieurs décennies et la mal gouvernance. La mal gouvernance se reflète de plusieurs manières. Le rapport de la Banque Mondiale19 cite entre autres l'absence des documents financiers, les faiblesses institutionnelles, des pratiques anormales et des faiblesses en management. Bon nombre d'entreprises publiques au Congo ne produisent pas des états financiers. Et même si elles peuvent les produire, ceux-ci le sont après plusieurs mois, les rendant ainsi non pertinents ou inutilisables pour une prise de décision. Il est souvent noté l'absence d'une philosophie budgétaire, l'opacité de gestion de certains comptes de l'entreprise qui ne sont pas inclus dans les états financiers de l'entreprise.

La qualité de gestion dans la quasi-totalité de ses entreprises laisse à désirer selon un audit de la Cour des Comptes de la République Démocratique du Congo sur la légalité de la prise de décision en rapport avec les salaires, les approvisionnements et les procédures internes. Sur le plan institutionnel, la supervision des entreprises est confiée à des conseils d'administration dont les membres sont choisis non pas forcément pour leur compétence, mais plutôt pour leur allégeance politique ou appartenance ethnique. Les dirigeants d'entreprise ont des salaires et avantages mirobolants qui contrastent avec la modicité des salaires des employés moyens et le manque de performance affichée de l'entreprise. Plusieurs institutions étatiques sont directement impliquées dans la nomination et la gestion des entreprises publiques, conduisant ainsi à des problèmes de supervision, donc à une non supervision du fait de la confusion créée qui profite aux gestionnaires.

[19] The World Bank, Democratic Republic of Congo, Economic and Sector Work, Reforming Public Entreprises Through Improved Governance, March 10, 2004

Chapitre 10
Diagnostic de l'échec de gouvernance en RDC

Analysons notre quotidien dans cette partie de manière à conjurer notre mal et à relever nos fronts pour un futur radieux. Certains attribuent notre malheur à la convoitise et à l'ingérence des puissances étrangères qui veulent avoir une mainmise sur les nombreuses richesses naturelles du Congo en maintenant le pays dans le sous-développement. D'autres soulignent la culture d'insouciance du Congolais, son immaturité et son irresponsabilité, son incompétence, l'aliénation mentale et le complexe du Congolais vis-à-vis de tout ce qui vient de l'étranger bref ses racines culturelles et ses coutumes.

De ces réponses, il ressort que la cause de notre échec serait de deux sources : une source externe avec l'ingérence des autres pays dans le fonctionnement de notre pays et une source interne, rattachée à notre moi comme peuple, notre culture et donc de notre façon de voir le monde qui ne cadrerait pas avec toute vision de développement et notre incapacité d'agir et d'interagir face aux défis mondiaux importants.

Voyons l'une après l'autre ces causes de manière à tirer les leçons qui s'imposent.

De l'ingérence étrangère

Les motivations qui poussent les puissances étrangères à se mêler de nos affaires sont connues et sont essentiellement rattachées à l'exploitation de nos abondantes ressources naturelles. La question demeure cependant, que le Congo n'est pas le seul pays au monde qui dispose d'importantes ressources naturelles. Même si, à certains égards, l'ingérence dans la gestion de notre pays peut influer sur notre façon de nous gouverner, ceci ne peut expliquer à elle seule la gestion chaotique et le déclin de notre pays. En outre, nous ne pourrons empêcher les uns et les autres de nous envier. Ce que nous pouvons plutôt faire est de nous organiser pour empêcher que cette envie devienne une menace, voire une nuisance à notre épanouissement. Cette ingérence devrait plutôt être vue comme une opportunité à connaître les autres et à mieux composer avec eux dans des échanges mutuels respectueux. Notre attitude, seule, vis-à-vis des autres conditionnera notre succès. Lorsqu'on est faible, on ne peut empêcher les autres de vous asservir. Marcus Garvey disait « Il faut éviter la faiblesse, car le sort du faible est l'esclavage » et Machiavel dit sur un autre tableau que quand un peuple est faible, il faut l'exploiter, sinon quelqu'un d'autre l'exploitera. Dans les rapports entre États, il n'y a pas de place pour les sentiments, seuls les intérêts comptent.

Quid de notre culture et de nos coutumes

L'environnement externe pour l'être vivant est à la fois une source de menaces et d'opportunités ou d'épanouissement. Les valeurs culturelles sont, pour l'être humain, un ensemble des moyens dont il dispose pour agir et interagir avec son environnement. La culture et la coutume sont donc un rempart et procurent à l'homme sa capacité de réaction.

Qu'est-ce qui empêchent le Congo en particulier et l'Afrique noire en général à se construire à l'instar d'autres peuples du monde ? Qu'est-ce qui définit cette insouciance qui semble caractéristique du Congolais ? Le Congo, un pays qui a tout reçu de la nature et un peuple qui semble ne pas comprendre son vrai rôle dans le développement de son pays. Y va-t-il une intégration négative dans la manière de penser de l'homme congolais ? Comment expliquer que le Congolais préfère le gain facile, les chemins battus, la facilité, la gratuité, la flatterie et ignore que la richesse se crée par le travail et n'est pas un don de Dieu enfoui dans le sol et le sous-sol. D'où tenons-nous ces habitudes qui nivellent vers le bas ? Autant de questions à décortiquer.

Nous ne pouvons espérer à un changement si nous n'interrogeons pas notre culture et ses valeurs qui devraient être un ensemble des moyens devant nous aider à nous définir comme un peuple digne.

La culture est vue comme la façon de faire, tandis que la coutume représente l'ensemble des règles à suivre pour faire. La définition que donne l'UNESCO de la culture est la suivante : « La culture, dans son sens le plus large, est considérée comme l'ensemble des traits distinctifs, spirituels et matériels, intellectuels et affectifs, qui caractérisent une société ou un groupe social. Elle englobe, outre les arts et les lettres, les modes de vie, les droits fondamentaux de l'être humain, les systèmes de valeurs, les traditions et les croyances. » La culture se transmet socialement, de génération en génération et non par l'héritage génétique, conditionne en grande partie les comportements individuels et désigne le produit du rapport que l'homme entretient avec son environnement. Finalement elle n'est rien d'autre que la manière d'être de l'homme à une époque et dans un espace géographique donnés.

Ainsi le succès que rencontrerait un peuple est tributaire à sa capacité d'établir un arrimage ou une congruence raisonnable entre sa culture et son milieu environnemental. L'environnement étant sujet constant au changement, la culture ne peut donc qu'être dynamique et non statique.

La coutume est définie dans les dictionnaires français comme un ensemble des règles et des valeurs non écrites suivies par les habitants de certaines régions ou par des personnes exerçant des professions déterminées qu'ils considèrent obligatoires pour régler leurs rapports. Les expressions, " us et coutumes ", et, " usages coutumiers " ont le même sens.

L'indifférence des Congolais face aux enjeux véritables de leur existence en tant qu'être humain ou nation étonne en tout. N'est-ce pas insultant que de voir les Congolais, de toutes les classes sociales, penser que l'arrivée des Chinois dans le cadre du programme de cinq chantiers de l'administration Kabila serait une solution à leur problème. D'où nous est venue cette culture de dépendance et de la déification de tout ce qui vient de l'étranger, la culture de l'insouciance face à notre futur et celle de l'immédiateté qui fait que l'homme congolais penserait avant tout à son présent et oublierait souvent de se projeter soi-même ou son pays dans le futur. Alors que devant les difficultés, d'autres peuples cherchent des solutions, au Congo devant un problème, on crie à l'aide internationale. Les habitudes de dépendance se reflètent jusqu'au niveau de gestion du pays. Pour construire un kilomètre de route, on attend la coopération extérieure ou pour assurer la salubrité de la ville de Kinshasa, on attend la coopération belge ou japonaise. Non seulement, le Congolais nourrit un complexe viscéral de tout ce qui est étranger, mais aussi il déifie ses prédateurs que l'on chante pour leur fortune volée des caisses de l'État. L'abbé

François Kibwenge20 dit : « Voilà pourquoi ils sont prêts à adorer n'importe quel homme même s'il leur vole leur liberté, pille leurs ressources et met en danger leur avenir, pourvu qu'il leur promette du pain ». Dans son article paru publié à Kinshasa, le 14 mai 2016, Tshitenge Lubabu[21] parle de la « Mélodie du flatteur » pour stigmatiser la manière dont les musiciens encensent le pouvoir politique en RDC pour bénéficier des largesses de ces derniers.

La culture, comme souligné plus haut, est dynamique, se forge au fil des ans et n'est pas innée. Les Congolais d'hier, nos parents savaient être intègres, respectueux des institutions et dignes. Si la culture est dynamique et se définit comme un ensemble des connaissances, des savoir-faire, des traditions, des coutumes, propres à un groupe humain, à une civilisation qui se transmettent socialement, de génération en génération et non par l'héritage génétique, et conditionnent en grande partie les comportements individuels, il y a lieu de se questionner d'où et à partir de quand se sont incrustées dans le peuple congolais ces habitudes d'auto destruction de son propre être et de son pays.

Contrairement à la culture occidentale, la tradition africaine inspirée de nos coutumes est celle du partage. Raison de plus pour que nos dirigeants apprennent à partager correctement la richesse commune. Mais qu'est-ce qui a changé en nous ? Interrogeons notre passé colonial.

---

20 Kibwenge (François), extrait du passage du livre « Reconstruire la République Démocratique du Congo », Éd. Muhoka, Ottawa 2012, p.311

[21] Tshitenge (Lubabu M.K), « RDC : La mélodie du flatteur », Jeune Afrique, le 14 mai 2016.

De notre passé de colonisé : l'aliénation coloniale

Je commencerais ce point par une anecdote écrite en 2012 dans le quotidien kinois Le Potentiel[22] qui s'interrogeait sur l'existence d'une intelligentsia congolaise. Un enfant de la 5ème année primaire pose deux drôles de questions à son père. La première : - « Papa, pourquoi parlez-vous ces derniers temps des Chinois pour la construction de nos routes alors que vous êtes ingénieur ? » -Réponse : « Je suis ingénieur, mais il me manque de moyens ». Et l'enfant d'enchaîner : - « Papa, dites-moi si tous les Chinois mouraient aujourd'hui, qui va construire notre pays ». Sourire jaune du père : « Hein ! D'abord tous les Chinois ne peuvent pas mourir du coup, et même s'ils mouraient, nous allons nous débrouiller ailleurs ». Hum ! Ce qui m'intéresse ici, c'est la fin de sa réponse : « … nous allons nous débrouiller ailleurs ». Voilà la manie de l'élite congolaise. Toujours ailleurs.

À travers cette blague, il sied de constater que l'homme congolais et particulièrement le politique congolais n'a cessé de croire que la solution aux problèmes de développement du Congo se trouve en Europe, en Amérique et aujourd'hui en Chine et en Inde. Son malheur comme son bonheur vient de l'étranger, que l'on taxe d'ingérence quand l'étranger se questionne sur le mode de gouvernance nationale et d'ami quand il apporte son assistance.

En effet, la réalité du Congo aujourd'hui est grandement influencée par son passé colonial, l'aliénation mentale ou grave, l'oppression mentale dans laquelle le peuple a longtemps été courbé et qui a influencé ses attitudes suprêmes en lui montrant qu'il ne peut rien faire de lui-même. Malgré les années passées à l'université,

[22] Rich Ngapi, Apostrophe Le Potentiel, 2012.

l'universitaire congolais pensent qu'un Américain, un Canadien ou un Français est pourvu des capacités supérieures aidant à résoudre des problèmes complexes. L'Abbé François Kibwenge[23] dit de l'aliénation coloniale du Congolais qu'elle a conduit à incruster en nous une culture de pauvreté, de dépendance et de sous-développement. C'est face à tout cela qu'il faut tracer la voie de la libération et de l'affranchissement du Congolais. « On ne peut se contenter des incantations pour changer le Congo. Il faut une attitude mentale qui fasse sortir les Congolais de leur apathie léthargique pour les introduire dans le mode de la créativité et de la production », dit Kibwenge. Pour son émancipation, le Congo doit miser sur ses fils et ses filles et sur ses compétences nationales.

Mais si le Congo disposait des compétences réelles, qu'est-ce qui expliquerait que contrairement aux autres nations qui ont traversé des situations pires que lui, le Congo continue à tirer vers le bas en dépit de ses innombrables ressources naturelles. La réponse vite et facile serait que le Congo fait face un manque de compétence pour son développement. Vite et facilement dit, mais analysons ensemble.

Du présumé manque de compétence des Congolais

Avec Claude Brassard et Mario Désiles24 je définirais la compétence comme une « capacité à agir » liée à une

---

[23] Kibwenge (François), extrait du passage du livre « Reconstruire la République Démocratique du Congo », Éd. Muhoka, Ottawa 2012, p.311

[24] Désilets (Mario), Formateur et consultant Université de Sherbrooke et Brassard (Claude), Professeur en Technologies du génie électrique, Cégep Lionel-Groulx : « La notion de compétence revue et corrigée à travers la lunette cognitiviste » Pédagogie Collégiale Mai 1994, Vol. 7 n° 4

activité professionnelle qui résulte de l'intégration appropriée des savoirs, savoir-faire et savoir-être pertinents à un domaine professionnel. Pour pouvoir agir et prétendre vouloir changer une situation, il faudra acquérir ce pouvoir. En effet, le mot compétence implique la notion d'autorité, de capacité, d'habileté ou de qualité. En qualité de quoi ou en vertu de quel pouvoir voudrez-vous agir. Ainsi on dira par exemple, la compétence juridique, c'est-à-dire le pouvoir juridique.

Guy Le Boterf[25] souligne la nuance existante entre qualification et compétence.

La qualification de base est l'aptitude qu'a une personne à occuper une fonction ou un poste et elle inclut l'ensemble des savoirs professionnels et généraux sanctionnés par un diplôme ou un titre. La compétence refléterait le degré de maîtrise ou de professionnalisme que la personne manifeste dans l'exercice de ses fonctions. La compétence donne lieu à des jugements graduels ou relatifs. Guy Le Boterf dit que la compétence a été longtemps assimilée à la connaissance. Ce qui d'après lui n'est pas le cas, car ce n'est pas parce que l'on possède un diplôme professionnel ou que l'on a suivi une formation que l'on peut se dire compétent, surtout dans des contextes de travail évolutifs et de plus en plus caractérisés par l'événementiel et l'inédit.

La compétence s'acquiert par la formation, l'éducation et l'instruction, mais aussi par la pratique. Comme disent les Anglo-Saxons « Pratice makes perfect ». La compétence requiert donc un certain niveau d'absorption de la matière, de capacité d'absorption ou de faculté de comprendre et fait appel à la raison, donc à l'intelligence. On parlera aussi de quotient intellectuel (QI) comme moyen de mesure de cette capacité d'absorption ou

---

[25] Le Boterf (Guy), « Construire les compétences individuelles et collectives » 6ième édition Eyrolles page 275.

l'intelligence. Le dictionnaire Larousse dit de l'intelligence que c'est un nom féminin du latin intelligentsia, de intelligere, connaître, « Ensemble des fonctions mentales ayant pour objet la connaissance conceptuelle et rationnelle. »

Le psychologue américain Daniel Goleman[26] sort en 1995 la notion dite d'intelligence émotionnelle. L'intelligence émotionnelle (IE) désigne la capacité, pour un individu, à identifier, accéder et contrôler ses émotions, celles des autres et d'un groupe. Goleman se demande "Emotional Intelligence: Why It Can Matter More Than IQ", en d'autres mots pourquoi l'intelligence émotionnelle vaut plus le quotient intellectuel. L'idée est de dépasser le traditionnel quotient intellectuel (QI) comme moyen de mesure de l'intelligence. Or les émotions sont présentes dans toutes les activités de l'homme, dont les activités de gestion : la gestion de sa vie privée ou publique et celle de ses concitoyens. La notion d'intelligence émotionnelle est très liée au domaine de la gestion plus particulièrement au management, au leadership, à la gestion des ressources humaines, à l'entreprenariat et à la négociation.

Avec vous, j'ai donc distingué dans l'intelligence la notion d'intelligence rationnelle QI et l'intelligence émotionnelle QE qui régentent la compétence de l'homme. Je parlerai donc de Compétence rationnelle, capacité de comprendre et de faire appel à la raison et de Compétence émotionnelle, capacité de comprendre et de faire appel à ses émotions.

J'ai souligné plus haut que la notion de compétence se rattache à la capacité d'agir ou à l'autorité ou encore au pouvoir : « La compétence sans autorité est aussi

---

[26] Daniel Goleman est un psychologue américain né le 7 mars 1946 à Stockton (Californie), Diplômé de Harvard Docteur en psychologie clinique et développement personnel, il est devenu célèbre avec son livre *Intelligence émotionnelle*.

impuissante que l'autorité sans compétence. » Dans le cas d'un pays, cette capacité d'agir, de prendre de décision ou de vouloir changer les choses, est dévolue aux autorités politiques. Le politique dispose donc de ce que j'appellerais ici la compétence institutionnelle.

Ainsi donc j'ai regroupé, à travers la notion de compétence, trois sous-notions à savoir : la compétence rationnelle, la compétence émotionnelle et la compétence institutionnelle que j'analyse ci-dessous, en m'inspirant des écrits de Kayembe, Dia Bintu[27], pour répondre à la question de la prétendue incompétence des Congolais.

Le Congo souffre-t-il d'absence de compétence rationnelle ?

La question ici est de savoir si notre pays, la République Démocratique du Congo, fait face à un manque de compétence rationnelle pour conduire à bien ses projets de société. À l'accession de notre pays à l'indépendance en 1960, le Congo ne comptait pas plus de dix diplômés de niveau universitaire. La formation des cadres universitaires s'est opérée avec beaucoup d'empressement et aujourd'hui le Congo est l'un des pays en Afrique qui compte plus des diplômés universitaires. Beaucoup d'entre eux sont formés localement, et beaucoup aussi sont sortis des grandes écoles et universités du monde. Le Congo donc dispose aujourd'hui des gens qui possèdent des connaissances théoriques suffisantes pour faire le travail qui leur est demandé, moyennant certaines pratiques ou formations complémentaires.

Le Congo ne souffre donc pas d'un manque de compétence rationnelle.

---

[27] Kayembe, Dia Bintu, dans le livre collectif « Reconstruire la République Démocratique du Congo », Éd. Muhoka, Ottawa 2012

Le Congo est-il en manque de compétence émotionnelle ?

Pour analyser cette partie, j'utiliserais deux illustrations pour étayer mon argumentation. La première est contenue dans l'article de l'hebdomadaire Jeune Afrique28 du 25 octobre 2012. Parlant du salaire des députés congolais, Jeune Afrique s'interrogeait s'ils étaient vraiment les plus mal lotis. En effet, en début octobre de la même année, les députés voulaient une revalorisation qui les placerait au même niveau que les sénateurs, dont les revenus mensuels atteignaient, selon eux, les 13 000 dollars. Mais étaient-ils vraiment mal payés ? Aux 4 250 dollars mensuels s'ajoutaient 3 000 dollars destinés à couvrir leurs frais de transport, de communications, etc. Les élus estimaient pourtant qu'ils étaient mal payés parce que, lorsqu'ils regagnaient leur fief, ils sont obligés de redistribuer à leurs électeurs ce qu'ils ont gagné. À titre de comparaison, un membre du Congrès américain était payé 14 500 dollars ; un député du Congo-Brazzaville touche 3 950 dollars, contre 2 000 dollars pour son confrère de Bujumbura.

La seconde illustration est tirée d'un article de l'Agence France Presse, AFP29 du 20 septembre 2011 intitulé Les magistrats congolais réclament leur dû au président Kabila. En effet, les magistrats exigeaient que le salaire de 1 600 dollars américains, évoqué par le président Joseph Kabila, le 14 septembre 2011, lors de son discours bilan devant les cadres et membres des partis de la majorité présidentielle réunis à Kingakati, leur soit appliqué immédiatement alors qu'en réalité la moyenne était trois fois inférieure. Dès le lendemain, les magistrats entamaient un mouvement de grève afin d'obtenir

---

[28] Jeune Afrique, 25 octobre 2012

[29] AFP/Dubourthoumien Gwen, mardi 20 septembre 2011 : Les magistrats congolais réclament leur dû au président Kabila

effectivement le salaire annoncé par le président de la République.

Voici dans un même pays comment ceux qui sont censé assurer une distribution équitable des ressources s'arrogent eux-mêmes des salaires mirobolants et abandonnent le peuple qu'ils représentent dans le démuni total. L'exemple des magistrats est révélateur des grognes au niveau du citoyen moyen. C'est à se demander si réellement il y a de l'empathie pour le commun des Congolais de la part des autorités politiques.

Jen Shirkani[30] que j'ai suivie lors de sa conférence à Ottawa dit « Emotional Intelligence (EQ) is not who you are, but your ability to recognize, read and respond » ce qui se traduit par "L'intelligence émotionnelle n'est pas ce que vous êtes, mais plutôt vos habiletés ou aptitudes à reconnaître, à lire et à répondre » à des situations de votre entourage et de votre environnement. Lorsqu'on gère, très souvent, la réussite ou l'échec se résume à la question de savoir comment sont nos rapports avec les autres. Ainsi, l'intelligence émotionnelle c'est savoir faire la distinction entre ce que les anglo-saxons appelle « Book Smart » versus « Street Smart » soit la connaissance livresque des choses et le bon sens dans la vie réelle.

À travers ces deux exemples, édifiants du quotidien au Congo, il y a lieu de conclure qu'il y a réellement en République Démocratique du Congo absence de compétence émotionnelle.

---

[30] Jen Shirkani, Conférence au Centre de Congrès d'Ottawa, 7 juin 2017 « Leadership and Emotional Intelligence », Financial Management Institute. Jen S. est connue pour ses travaux et recherches sur l'intelligence émotionnelle.

Le Congo est-il en manque de compétence institutionnelle ?

L'État est à la fois une réalité historique et une construction théorique, ce qui explique la difficulté de le définir de manière pleinement satisfaisante. Dans ses contributions à la théorie générale de l'État (1921), le juriste Carré de Malberg le définit comme une « communauté d'hommes et des femmes, fixée sur un territoire propre et possédant une organisation d'où résulte pour le groupe envisagé dans ses rapports avec ses membres une puissance suprême d'action, de commandement et de coercition ». Malberg souligne ainsi la double acception de la notion de l'État, qui correspond à un mode d'organisation sociale territorialement défini et à un ensemble d'institutions caractérisées par la détention du monopole de l'édiction de la règle de droit et de l'emploi de la force publique. Le terme latin d'imperium (« commandement ») désigne sous la Rome antique le pouvoir suprême détenu par le roi puis attribué à certains magistrats. Ndia-Bintu Kayembe dit qu'une institution est dite compétente entre autres quand elle est responsabilisée et responsabilisante. Non seulement elle a le pouvoir et l'autorité de décider et d'agir à l'intérieur de ses prérogatives ainsi que les moyens de ses actions, mais elle responsabilise son personnel, ses sous-unités pour des fonctions précises et des résultats précis, leur donne les moyens de leurs actions et les rend imputables.

Nul n'est besoin de le dire que l'État de droit en RDC reste encore un long chemin à parcourir et la compétence institutionnelle un objectif à réaliser.

Pour corroborer mes propos sur l'incompétence de nos institutions voici un article sorti dans Africa News le 25 mai 2016 par sous le titre : « Exclusif ! Ça sent la crise au Gouvernement. » L'article faisait référence à un ordre du premier ministre qui révoltait les ministres. En effet un courrier dûment signé le 19 mai par le premier ministre, Matata Ponyo, et adressée à tous les vice-premiers ministres, ministres d'État et ministres, réputés et établis seuls responsables de leurs départements en vertu de l'article 93 de la Constitution, mais désagréablement contraints de requérir l'autorisation préalable du premier ministre pour toute suspension préventive d'un cadre de commandement des services publics et l'organisation de leur intérim. Africa News dit : « L'incroyable histoire ! Un haut fonctionnaire de l'État, le Directeur de la Trésorerie, surpris en flagrant délit de vol et de falsification des documents de sortie de fonds publics destinés au ministère de la Communication et des Médias, que le ministre des Finances, sa tutelle hiérarchique, a suspendu à titre préventif pour ces fautes lourdes, mais que le premier ministre, son ancien collègue de promotion, a tenté de sauver et maintenir en poste en dépit de tout ! Cette bataille perdue ! Ça vaut quoi un ministre ? Si ce n'est pas s'attribuer un pouvoir inconstitutionnel, il faut réinventer le droit. »

LES AUTRES SOURCES DU MALHEUR DU CONGOLAIS

La gangrène appelée dictature – véritable système de prédation

Le régime dictatorial se caractérise par un pouvoir arbitraire, autoritaire, entièrement soumis à la volonté de celui qui gouverne. Les tribunaux, le pouvoir législatif et le pouvoir exécutif sont alors directement sous les ordres du dictateur généralement pour son intérêt.

Les systèmes dictatoriaux se caractérisent en général par des abus du fait de l'absence de contrepoids. La culture née de la dictature en RDC, depuis le coup d'État de monsieur Mobutu en 1965, se caractérise par l'enrichissement abusifs des dirigeants et de leurs familles, sans qu'ils ne soient sanctionnés, car les dictateurs sont eux-mêmes juges et parties. Le dictateur Mobutu était lui-même la loi, il incarnait la loi, il était la loi faite homme, la loi personnifiée. Au temps de Mobutu il était dit officiellement que la parole du Président de la République avait force de loi. Les méfaits de la dictature conduisent souvent à des soulèvements populaires contre les injustices du fait de l'appropriation par une caste de tout le patrimoine national. Du fait que le dictateur pille les biens du pays, il lui est quasiment impossible de sanctionner ses courtisans ou dirigeants qui adoptent le même comportement. La dictature au Congo depuis a toujours été source d'antivaleurs et autres mots qui nivellent le pays vers le bas. En résumé le système dictatorial congolais a gangréné le bon fonctionnement de notre pays.

La dictature en République Démocratique du Congo se mue en système de prédation et de pillage des ressources nationales par les apparatchiks du régime et leurs acolytes nationaux et étrangers. Le professeur Mbaya Kankwenda[31] parle de la « Prédatocratie » ou la gouvernance de prédation, celle de pillage, des réseaux maffieux, de blanchiment d'argent et des réseaux criminels économiques, commerciaux et financiers.

La République Démocratique du Congo est l'un des rares pays au monde où l'État ou encore personne ne questionne sur l'origine de la richesse des dirigeants. L'enrichissement illicite des dirigeants ne choque personne, au contraire, il est un motif de gloire et d'être glorifié. Une véritable inversion de valeurs. Sommes-nous de la culture du vol ou de l'enrichissement illicite ? Le Congolais a-t-il intégré le vol de biens et ressources de l'État comme mode de vie ou culture ? Mbaya Kankwenda souligne ceci, « Du fait de la crise économique et surtout de la crise politique marquée par la déliquescence de l'appareil d'État et les conflits armés, les vingt dernières années ont vu se développer un mode de gouvernance économique partagé entre l'État congolais ou ses dirigeants et les réseaux économiques et commerciaux criminels étrangers. L'économie du pays, et en particulier une bonne partie de son économie d'exportation « appartient à » et est gérée par des « cliques nationales » certes, mais surtout par des forces extérieures. Et lorsqu'on jette un coup d'œil sur la carte des ressources naturelles du pays, et en particulier des ressources minières et qu'on la compare avec la carte des concessions minières, on se rend compte que c'est tout le « Congo riche » qui est « concédé » aux exploitants étrangers, quand bien même ils seraient associés avec quelques bénis de la gouvernance économique de prédation qui les

[31] Kankwenda (Mbaya), « Quelle reconstruction économique pour quelles perspectives de développement durable de la RDC », article publié dans le livre « Reconstruire la République Démocratique du Congo », Éd. Muhoka, Ottawa 2012, page 119.

couvrent. » Dans un tel contexte, il est impossible de mettre l'appareil étatique au service de l'intérêt général.

Comprendre le fonctionnement de systèmes et ses implications

Un système fait référence à un assemblage d'éléments ou sous-systèmes fonctionnant de manière unitaire et en interaction permanente. En termes d'analyse, il s'agit d'un réseau, plus ou moins important et autonome, dont les éléments présentent la particularité de répondre en tout ou en partie à un même objectif, un même but. C'est ce qui est désigné par le terme ÉQUIFINALITÉ. Le dictionnaire Cordial en ligne définit l'équifinalité comme la capacité de systèmes qui, partant d'états de départ différents, aboutissent au même état final. Le principe d'équifinalité énoncé par Von Bertalanfly dit d'un système qu'il est équifinal parce qu'il peut réaliser ces objectifs à partir de différents points de départ et par différents moyens, donc le même état final peut être atteint à partir des conditions initiales différentes ou par des chemins différents. Dans une dictature compradore telle que connue au Congo depuis plusieurs décennies, l'enrichissement individuel est l'objectif final de tout individu disposant d'une parcelle d'autorité, car jouissant de l'impunité de la part du maître qui est le chef de l'État. En République Démocratique du Congo, la nomination à un poste de gestion est toujours suivie des manifestations de joie dans la famille, non parce que les qualités de bon manager ont été reconnues et récompensées par les autorités politiques, mais parce que c'est l'entrée dans la « mangeoire », la cour des grands et la voie vers l'enrichissement est grandement ouverte. La dictature est un système sans contrôle ou du moins contrôlé par le dictateur qui nomme et dégomme selon son humeur et où seul le bon vouloir du maître vous garantit votre longévité. Le clientélisme, les calomnies et les dénonciations sont les règles du jeu contrairement aux capacités managériales des individus.

Le tribalisme – la peste

Dans l'un de ses blogs, Ka Mana32 dit du tribalisme qu'il est l'un des phénomènes les plus représentatifs de la fragmentation des sociétés africaines contemporaines et des risques d'implosion qui leur sont consubstantiels ou de la même substance. Il est sans doute la réalité pathologique dont l'Afrique contemporaine souffre le plus. Surtout dans les sociétés subsahariennes où la tribu est une entité vitale incontournable.

Comme sentiment d'appartenance à une tribu, c'est-à-dire à un regroupement humain ayant en partage une même culture fondée essentiellement sur la langue, le tribalisme devient un danger, en revanche, quand on valorise son identité propre, sa tribu, au détriment de celles des autres. Le tribalisme se présente en Afrique comme une peste dans la société africaine qui ronge la confiance réciproque entre individus d'origine ethnique différente et toute solidarité sociale. L'ethnie ou la tribu est avant tout une entité culturelle et sociale qui permet l'identification d'un peuple. Et du fait de leur diversité, elles devraient être considérées comme une richesse plutôt qu'une source de division et une menace au progrès des nations et de la démocratie en Afrique. Le tribalisme constitue un obstacle majeur à tout changement dans une société qui aspire au progrès. En management le principe de compétence est sacrifié au profit de l'appartenance ethno-tribale, c'est comme pour dire que la chimie, la biologie ou encore la médecine sont de telle ou telle ethnie.

---

[32] Kä Mana et Jean-Blaise Kenmogne, Blog de Ka Mana, “DETRIBALISER LA SOCIETE AFRICAINE, Dynamique tribale et fragmentation sociale dans une Afrique en miniature : le Cameroun. 7 juin 2013

Le tribalisme est devenu un élément qu'il faut combattre dans la mentalité congolaise par l'éducation civique et l'État devrait faire du tribalisme un mal national et légiférer. Il devra être interdit de retrouver dans une même entreprise plus du tiers d'employés ressortissants d'une même ethnie et province que le dirigeant principal et la variété régionale ou provinciale devra y être observée.

L'enfer d'une corruption entretenue à volonté

La corruption en RDC est endémique. Le pays est classé parmi les pays les plus corrompus de la planète. Un panel d'experts africains conduits par l'ancien chef d'État sud-africain Thamboo Mbeki et comprenant l'ancien Secrétaire général de l'ONU, Koffi Annan a conclu que les deux tiers des recettes de vente des minerais en RDC ne rentrent pas dans la caisse de l'État. Le Conseiller du président de la République pour la lutte contre la corruption, Luzolo Mbambi, a dit que plus de $15 milliards de dollars sont volatilisés chaque année en termes de corruption au pays. Les deux articles suivants des journaux paraissant à Kinshasa sont on ne peut plus édifiants à ce sujet. :

Article 1 : Congo-Kinshasa : Opération « mains propres » ! 53 personnes impliquées dans ce détournement
(Hebdomadaire Le Potentiel du 23 juillet 2008)

Le quotidien kinois relate une opération d'éclat de détournement de fonds dans plusieurs entreprises publiques de l'État congolais. « Coup d'éclat au gouvernement ! Le cabinet du Premier ministre accuse la Direction générale des impôts, la Direction générale des recettes administratives et domaniales, l'OFIDA, l'ONATRA, l'OCC, la SNEL, la REGIDESO, la SONAS et la RVA d'avoir détourné 1 milliard 300 millions de dollars US. C'est le premier bilan effarant de l'audit initié par la Commission interministérielle d'éthique et de bonne gouvernance. L'opinion souhaiterait que cette opération mains propres aille jusqu'au bout.

Article 2 : Des détournements monstres au gouvernement
Source : Journal, Le Révélateur 15/04/2008

Le Journal note que : « Selon le rapport d'une soixante de pages, rapport d'ailleurs incomplet de la Cour des Comptes, près de CDF 64 984 725 528.61 (Francs congolais soixante-quatre milliards neuf cent quatre-vingt-quatre millions sept cent vingt-cinq mille cinq cent vingt-huit centime soixante et un), soit près de USD 120 millions de l'argent du contribuable, en l'espace de deux mois seulement (décembre 2006-février 2007) ont pris des destinations inconnues, sans justification, sans que cela se passe dans l'orthodoxie financière et sans qu'ils ne soient utilisés, pour certains cas, pour ce à quoi ils étaient destinés. Et si on extrapolait sur une période relativement longue ! »

Le détournement de l'aide extérieure

En 2004, le président de la Cour des Comptes de la RDC estimait que « 30 pourcent de l'aide de la RDC était entrée dans la corruption » (USD 3,9 milliards62). Des routes, des hôpitaux, des édifices inachevés ou en état de délabrement, peu de temps après leur réhabilitation, sont les aspects les plus visibles du détournement de l'aide extérieure en RDC.

CINQUIEME PARTIE
PRIVATISATION DES ENTREPRISES D'ÉTAT EN RDC : FUITE EN AVANT

« Quand on est dans un trou,
la pire de chose à faire est de continuer à creuser »
Warren Buffet

Chapitre 11
Le mythe et les formes de privatisation

Face aux contre-performances des sociétés d'État, les autorités congolaises ont globalement opté pour une solution simple et simpliste, en adoptant depuis 2008 avec la création de Copirep, des mesures de transformation et de désengagement de gestion ou de privatisation de ces patrimoines nationaux qui ne feront qu'aggraver la situation. Quand on est dans un trou, comme le sont toutes les entreprises publiques en RDC, la pire de choses à faire est de continuer à creuser, dit le milliardaire américain Warren Buffet. Il ne sert à rien de persister dans l'erreur quand une situation s'aggrave.

Le dictionnaire Petit Robert décrit la privatisation comme l'« action de confier au secteur privé une activité relevant jusqu'alors du secteur public ».

La question que l'on est en droit de se poser est celle de savoir si la privatisation est la réponse aux problèmes des entreprises publiques congolaises. A partir des années 80 jusqu'à il y a peu de temps, la privatisation a été largement considérée comme étant la principale manière, voire la seule manière, d'améliorer la performance des entreprises publiques. Le poids financier des gouvernements donateurs, de la Banque mondiale, et du FMI ont assuré que ce point de vue soit mis en œuvre dans les économies en développement ou en transition. Bien que la force avec laquelle on plaide en faveur de la privatisation ait diminué récemment, notamment à cause des preuves qui s'accumulent du fait que les projets de privatisation n'ont souvent pas porté ses fruits, la privatisation est toujours considérée comme étant la solution la plus évidente pour résoudre les problèmes associés aux entreprises publiques.

Privatiser n'est pas uniquement, en théorie, relié à la vente d'une entreprise d'État au secteur privé. Il existe plusieurs méthodes de privatisation. Parmi les formes courantes de privatisation utilisées, il y a en premier lieu la vente directe, les émissions d'actions et encore la restitution. La deuxième forme de privatisation porte sur la négociation de contrats avec le secteur privé pour la prestation de divers services publics.

La vente directe

L'objectif visé par les ventes directes est de vendre les actifs de l'État à des investisseurs externes, ceux-ci devenant ainsi actionnaires majoritaires. Cela peut se faire soit par appel d'offres ou par des négociations directes. Les investissements privés en expansion ou réhabilitation permettent d'injecter du capital privé dans l'entreprise afin d'améliorer sa production et sa productivité sans mettre à contribution les ressources publiques. Ils conduisent naturellement à diluer la part de l'État et donc à partiellement ou totalement privatiser l'entreprise. Ceci suppose que l'entreprise a été préalablement convertie, au besoin, en société anonyme mixte.

La vente d'actions

La vente publique d'actions, comme son nom l'indique, consiste à vendre les actions d'une entreprise publique à la population ou à des privés. Ce type de privatisation se fait en général pour des entreprises profitables, dont l'information financière est disponible et fiable.

Le contrat de concession, le BOO, le BOT, le contrat de service et le contrat de gestion

Les différents types de contrat sont identifiés comme des principales formes de PPP (Partenariat public-privé) possibles.

Le **contrat de concession** est un contrat par lequel une personne publique, dite autorité concédante ou le concédant, confie à un particulier, individu ou société, le concessionnaire, le soin de gérer un service public, c'est-à-dire de le faire fonctionner à ses frais et risques, sous l'autorité et le contrôle du concédant, et en se rémunérant le plus souvent au moyen de redevances perçues sur les usagers.

Le contrat du type ***Build – Operate - Tranfert (BOT)*** *(Construction-Exploitation-Transfert)* : désigne un contrat par lequel l'autorité contractante confie à un opérateur la construction, le financement, l'exploitation et l'entretien d'infrastructures et perçoit en contrepartie sa rémunération sur les tarifs payés par les usagers afin de recouvrer ses coûts, l'actif est transféré à l'autorité contractante à l'expiration du contrat. Autrement dit, après une certaine période, généralement entre 25 et 30 ans, l'État devient acquéreur à 100%.

Par contre dans le contrat du type ***Build - Own - Operate (BOO)*** *(Construction-Possession-Exploitation),* le transfert de l'infrastructure n'est donc pas obligatoire après 25 ans ; ce type de contrat est largement utilisé pour les entreprises nécessitant d'importants moyens financiers, comme les entreprises de production électrique, de minerai, etc. et est utilisé là où règne une forte croissance économique soutenue et étalée sur plusieurs années.

Un **contrat de service** est un contrat simple attribué à une société privée pour la réalisation de tâches données comme, par exemple, l'installation de compteurs ; le contrôle de pertes ; la réparation des canalisations ; ou le recouvrement des comptes. Les contrats de ce type sont généralement conclus pour de brèves périodes – de six mois à deux ans. La coordination des tâches incombe aux gestionnaires des services publics. Ces contrats ne permettent pas de remédier à une situation de mauvaise gestion du service public ou de non-recouvrement des coûts.

Un **contrat de gestion** est une forme plus complète de contrat de service. Dans le cadre de ce type de contrat, l'autorité publique désigne un opérateur privé pour gérer tout ou partie de l'exploitation. Le contrat de gestion le plus simple se résume au versement d'un montant forfaitaire en échange de l'exécution de certaines tâches managériales. D'autres formes de contrat plus complexes peuvent conditionner ce versement à la réalisation des objectifs de performance.

Autres formes de privatisation

Au-delà des méthodes de privatisations énumérées précédemment, d'autres méthodes subsistent. En voici quelques-unes : **les fidéicommis** : ils se réfèrent aux privatisations effectuées par transfert des actions d'une entreprise publique à un mandataire chargé de leur revente, à une date ultérieure ou une période donnée, au public ou à certains segments du public. **L'introduction en bourse** : elle consiste à vendre des actions en partie ou en totalité, à des particuliers ou des institutions financières ; les titres peuvent être ensuite négociés sur le marché des valeurs mobilières. **Les liquidations** : l'État vend l'ensemble des actifs de l'entreprise, ce qui lui permet de régler les impayés après quoi, l'entreprise cesse toute activité. **Les sociétés en participation :** il s'agit d'une entreprise détenue conjointement par les secteurs privés et publics, établie dans le but de mener à bien un projet qui bénéficie aux deux parties. **Le contrat bail** : c'est un accord écrit par lequel le propriétaire d'un bien permet à un locataire d'utiliser ce bien contre paiement d'un loyer pendant une période donnée.

Chapitre 12
Enjeux de la privatisation selon la BM et le FMI

Les différentes études menées sur la problématique de privatisation des entreprises publiques en Afrique stigmatisent le déficit budgétaire chronique des États africains et la mauvaise performance des sociétés d'État incapables de soutenir l'État dans ses efforts financiers. Ajoutant à cette réalité le manque de contrôle de l'État dans le fonctionnement de ces entreprises, l'incompétence des dirigeants et la mauvaise gouvernance qui s'y est installée avec des dirigeants omnipotents, il s'en suit en général la mauvaise qualité des services offerts par ces entreprises.

De ce fait, la privatisation pour la Banque mondiale (BM) et le Fonds Monétaire International (FMI) se révèle être une condition nécessaire pour une reprise d'une croissance et le maintien de la stabilité économique. Les retombées d'une telle politique de privatisation devraient être de contribuer à réduire l'endettement public, permettre la reprise des investissements et augmenter la compétitivité grâce à l'entrée des nouveaux acteurs à la suite de la libéralisation des marchés. La privatisation permettrait de réduire le déficit du secteur public et de redresser le déséquilibre des finances publiques grâce à la réduction des dépenses prises en charge par le budget de l'État pour les entreprises d'État.

En conclusion, les pays en développement seraient plus prospères, selon la BM et le FMI, si l'État concentrait ses efforts sur la mise en œuvre des services publics essentiels du secteur de l'éducation et la formation, la santé, les infrastructures et le paiement de la dette publique. Du point de vue administratif, les responsabilités de l'État s'en trouveraient alléger d'une gestion inefficace des managers avides, incompétents et non professionnels. Le développement d'esprit d'entreprise et d'une nouvelle culture d'affaire importée révolutionnerait le management local.

Au-delà du discours officiel sur les motivations qui poussent à la privatisation des entreprises publiques en Afrique, certains auteurs ont noté des motivations cachées qui ne transpirent pas du discours officiellement officiels des puissances dominantes. Hadlaire Étienne[33] écrit dans son mémoire de Master à l'Université du Québec à Montréal que la privatisation est initiée par la BM et le FMI vu le nombre restreint d'entrepreneurs dans les PVD, en vue d'attirer suffisamment de capitaux externes pour mener à bien les modernisations et les développements nécessaires. En effet, les institutions de Bretton Woods ont lancé, à partir de la décennie 1980, des programmes d'ajustement structurel dans le but d'harmoniser les rapports entre les structures macro-économiques afin que l'économie des États africains puisse s'aligner sur une certaine croissance pour contribuer au développement national. Ce qui contribue à creuser davantage le déficit budgétaire des gouvernements et compromettent considérablement les politiques de développement des gouvernements. Les entreprises d'État sont aujourd'hui considérées comme des facteurs du sous-développement de leurs pays respectifs et de l'Afrique en général à cause de leur rentabilité inexistante.

---

[33] Étienne (Hadlaire), « *Dilemmes et Enjeux des privatisations des entreprises publiques pour l'État haïtien* ». Mémoire de Maîtrise en Science politique, Université du Québec à Montréal, mars 2010

La privatisation se révèle, à bien des égards, une des solutions pour sortir ces pays du gouffre financier dans lequel ils sont plongés. Dans l'optique des bailleurs de fonds, la privatisation permet à l'État d'augmenter ses recettes fiscales tout en assurant de nouvelles entrées de devises surtout dans les cas d'entreprises aux prises avec des lourds déficits et la mauvaise gestion.

En dépit des études empiriques éloquentes à plus d'un titre, le mouvement de privatisation qui a pris son essor dans les années quatre-vingt et qui a continué durant les décennies quatre-vingt-dix et deux mille, ne fait pas l'unanimité dans le monde, surtout lorsque la privatisation est mise en place par des gouvernements corrompus.

Dans le chapitre suivant, il sera examiné les nombreux cas de privatisation en Afrique pour aider à établir un cliché définitif sur l'impact des privatisations dans ce continent.

Chapitre 13
L'expérience africaine de privatisation

Avis des experts et de la Banque mondiale

Les programmes de privatisation en Afrique se sont soldés presque tous par des échecs. Il y a lieu, néanmoins, de se questionner sur la motivation première de la mise en place de ces programmes en Afrique par la BM et le FMI.

La vague des privatisations des sociétés d'État moins performantes en Afrique, comme dans le reste des pays en développement s'est inscrite dans la logique mathématique des institutions de Bretton Woods qui considèrent que la performante est plus élevée dans les entreprises privées que dans les entreprises d'État. D'où la nécessité de privatiser.

Il s'avère malheureusement que cette solution de ces institutions internationales est demeurée simpliste et biaisée quand bien même des points de vue contraires se sont élevés à travers le monde et même au sein de ces mêmes institutions contre l'application de la même thérapeutique aux pays en développement qu'aux économies développées d'Europe ou d'Amérique. L'économiste et prix Nobel de l'économie, Joseph Stiglitz (2002) souligne la nécessité de renforcer les mécanismes externes avant d'entreprendre un programme de privatisation. Stiglitz met en garde contre les programmes de privatisation mis en branle par des gouvernements corrompus. Selon lui, si un programme de privatisation est entrepris avant que les marchés n'aient atteint un certain niveau de développement ou dans un contexte où le système légal ne protège pas adéquatement la population, les gains réalisés à la suite de la privatisation seront extorqués par une minorité d'investisseurs. Il y a alors de fortes chances que la population locale soit tout simplement dépossédée de richesses qui lui reviennent de droit.

En effet, il est constaté aujourd'hui que les résultats de programmes de privatisation et ceux d'ajustement structurel de la Banque mondiale sont reconnus par tous comme s'étant soldés par un échec. Ce jugement est également partagé par la Banque mondiale[34], elle-même, en ces termes :

> *« Les problèmes économiques de l'Afrique ne peuvent pas être résolus rapidement par l'ajustement structurel. Les structures même de production en Afrique ont besoin d'être transformées en profondeur. Dans plus d'un pays, les politiques appliquées sont appelées à être revues d'une manière radicale. Chaque pays est un cas unique. Et il n'y a pas de solution magique. »*

Les programmes d'ajustement structurel, trop souvent conçus par des étrangers, n'ont pas été suffisamment intériorisés (par les pays africains) et n'ont de ce fait provoqué aucun engagement en leur faveur.

Si les privatisations dans les pays développés ont eu quelques succès indéniables, il n'en est malheureusement pas le cas dans les pays en voie de développement, PVD. Des nombreuses études ont montré que la grande majorité des entreprises publiques dans les pays en développement ont échoué dans leurs efforts à générer des profits qui puissent être réinvestis dans la collectivité. En effet, du

---

[34] Rapport annuel de la Banque mondiale, 1990

fait de faible marge de manœuvre face à leurs bailleurs de fonds, les PVD n'ont autre solution que d'obtempérer aux injonctions de ces derniers en privatisant, espérant bénéficier de nouveaux rééchelonnements de leurs dettes ou recevoir de nouvelles aides financières.

Les exemples africains de privatisation

Les études menées par Sanni Yaya[35] indiquent que les résultats enregistrés par les entreprises privatisées restent très limités et montrent clairement que les multinationales étrangères, malgré leurs moyens financiers et le soutien dont elles bénéficient de la part des grandes instances internationales, ont jusqu'à ce jour échoué à prouver qu'elles pouvaient faire mieux que les entreprises publiques. L'auteur a montré les difficultés réelles et les problèmes que posent les privatisations pour la population, notamment les hausses de coûts de services, notamment dans les secteurs publics vitaux tels que l'électricité et l'eau. Les exemples ci-dessous présentés par l'auteur, cité ici par Hadlaire Étienne[36], sont, en tout point de vue, édifiants et dissuasifs pour tout dirigeant africain qui envisagerait cette politique de privatisation dans les conditions actuelles des économies africaines.

---

[35] Yaya (Sanni), « *L'Économie politique de la privatisation et de la désétatisation* », Montréal : Université du Québec à Montréal, 2004, P191

[36] Voir H. Étienne, *Dilemmes et Enjeux des privatisations des entreprises publiques pour l'État haitien,* Université du Québec à Montréal, Mémoire de Maîtrise en Science Politiques, Mars 2010, P68-70

Le Mali

Reprenant les conclusions de l'analyse de Benito Perez[37] sur la renationalisation de l'entreprise d'eau et d'électricité au Mali, l'auteur souligne que, à la suite de la vente des entreprises d'électricité et d'eau du Mali au groupe français Bouygues, à la fin des années 90, les tarifs de ces deux secteurs ont bondi de 60%, entre 1998 et 2002, en raison, selon la multinationale, des coûts reliés à la construction de nouvelles infrastructures. Une hausse fulgurante des mauvais payeurs s'en est suivie, mais surtout, la colère populaire a commencé à se faire entendre sur cette hausse de prix. Par conséquent, le gouvernement malien s'est vu obligé de contracter un prêt de onze millions d'euros auprès des institutions internationales afin que Bouygues puisse baisser les tarifs de 10% en 2003. En 2007, le gouvernement malien décide de renationaliser l'entreprise d'eau et d'électricité, ce qui n'a pas plu au FMI. Début novembre, une délégation de Washington s'est rendue à Bamako pour exiger des explications.

Guinée

Le même scénario s'est déroulé en Guinée. En 1989, la multinationale française Vivendi achète l'organisme d'État qui s'occupe de la gestion de l'eau. Au début de l'acquisition, le prix du mètre cube était de 0.12 cent américain. Cependant, suite à des investissements dans le réseau, Vivendi décide d'augmenter le prix à 0.83 cent américain le mètre cube. Afin de combler cette hausse, la BM décide pendant un certain temps d'accorder des prêts à l'État guinéen afin que celui-ci puisse subventionner cette hausse. Après quatre années, la BM décide de mettre fin

---

[37] PEREZ (Benito), « *Le Mali reprend à Bouygues le contrôle de l'eau et de l'énergie* », Planète Bleue, info, dimanche 13 novembre 2005, http://eau.apinc.org/spip.php?article422#

au financement du secteur. Une fois le bail arrivé à échéance, en 1999, le gouvernement guinéen décide de ne plus renouveler la concession accordée à Vivendi et opte plutôt pour une nationalisation de son secteur d'eau.

Tchad

Au Tchad, la société tchadienne d'électricité et de l'eau (STEE) a été privatisée et c'est Vivendi qui a eu le contrôle pour 30 ans. L'agence française de développement et la BM ont débloqué respectivement 4.5 et 8.8 millions de dollars américains pour mener à bien le processus de privatisation. Sauf que Vivendi, qui avait consenti à geler les prix, s'est rapidement plaint des infrastructures insuffisantes et a donc demandé davantage d'aides financières au gouvernement pour développer les infrastructures, et ce, à partir des profits dégagés par la raffinerie de pétrole Farcha, une propriété de l'État. Ce que le gouvernement tchadien a refusé en août 2004. Vivendi décide de mettre fin au contrat. Parallèlement, le groupe a décidé également de mettre un terme au contrat qu'elle a signé avec Porto-Rico et les Philippines pour les mêmes raisons que celles du Tchad.

Mozambique et Gabon

En Afrique, d'autres cas de renationalisation ont été répertoriés, tels que les cas du Mozambique et du Gabon. Donc, il est clair que les secteurs de l'électricité et de l'eau ayant fait l'objet de privatisation ont, dans la majorité des cas, abouti à de cuisants échecs puisque le secteur privé a démonté, malgré les soutiens financiers massifs des organisations internationales, son incapacité de maintenir des prix abordables pour la majorité des populations desservies.

Au Cameroun

Au Cameroun, Etogo Nyaga Yves Patrice[38] de l'*Université de Yaoundé II en* 2012 a mené une étude en utilisant le modèle économétrique de Wilcoxon avec pour objectif double de saisir les effets des privatisations camerounaises d'une part sur le plan interne de la performance des entreprises, à travers l'impact sur la productivité, d'autre part sur le plan externe, à savoir l'impact sur le bien-être des consommateurs. Les données recueillies auprès de l'Institut National de la Statistique du Cameroun ont porté sur neuf entreprises camerounaises privatisées, opérant dans des secteurs divers et variés, à savoir : la SCDM (métallurgie), AES-SONEL (électricité), la CAMSHIP (Shipping - Fret Maritime), la CHOCOCAM (chocolaterie-confiserie) ; la SEPBC (Bois), HEVECAM (hévéa-caoutchouc), la SN-COCAM (contreplaqués), la SOCAPALM (huile de palme) et la CAMRAIL (chemin de fer). Pour atteindre ces objectifs, il a eu recours à l'usage de tests statistiques et de modèles économétriques sélectionnés en fonction des contextes. Les résultats des travaux montrent un impact mitigé de la privatisation sur le plan interne des entreprises (l'impact sur la productivité), puisque les effets des privatisations camerounaises n'ont été positifs et significatifs que pour 4 entreprises sur 9. Au niveau sectoriel, les entreprises relevant du secteur primaire d'une part et des secteurs non-concurrentiels d'autre part, sont celles qui ont enregistré l'impact positif le plus marqué de la privatisation sur leur productivité. Sur le plan externe (l'impact sur le bien-être des consommateurs),

---

[38] Etogo Nyaga (Yves Patrice), « Privatisation et Performance des Entreprises Publiques au Cameroun », Université de Yaoundé II, 2012 Rapport de Recherche du FR-CIEA N0. 12/12 . Fonds de Recherche sur le Climat d'Investissement et l'Environnement des Affaires (FR-CIEA). www.trustafrica.org/icbe

premièrement et relativement au bien-être objectif, la privatisation a débouché sur une hausse des prix aux consommateurs pour les entreprises de l'échantillon. Deuxièmement et en ce qui concerne l'impact de la privatisation sur le bien-être subjectif, 52,20% des ménages consommateurs d'électricité ont connu une détérioration de leur satisfaction globale à la suite de la privatisation. Cette détérioration est plus marquée en zone semi-urbaine qu'en zone urbaine où les trois-quarts environ des ménages se retrouvent globalement insatisfaits.

Chapitre 14
Pourquoi alors privatiser à tout prix : La face cachée des privatisations en Afrique

Alors même que les résultats se révèlent bien désastreux, d'aucuns se demandent pourquoi cette obstination des bailleurs de fonds à pousser les États pauvres à privatiser quoi qu'il en coûte. Pourquoi à un diagnostic, on prescrit un remède non adapté ? La création de COPIREP en 2008 en République Démocratique du Congo ne s'inscrit-elle pas dans cette logique du jusqu'au-boutisme. Avons-nous épuisé toutes les voies pour rentabiliser nos entreprises publiques pour que nous soyons aujourd'hui, de guerre lasse, astreints d'adopter une démarche on ne peut plus suicidaire et non patriotique ?

Le mémoire présenté en 2010 par Hadlaire Étienne à l'Université du Québec à Montréal donne des pistes d'explications non moins pertinentes sur ce que peuvent cacher les politiques des privatisations massives et agressives dans les pays en développement. H. Étienne, en citant des sources crédibles, écrit : « Pour la BM et le FMI, il s'agit, vu le nombre restreint d'entrepreneurs dans les PVD, d'attirer suffisamment de capitaux externes pour mener à bien les modernisations et les développements nécessaires. Dans leur optique, cela permet à l'État d'augmenter ses recettes fiscales tout en assurant de nouvelles entrées de devises. Ont-ils raison ? Des considérations inavouées seraient-elles derrière cette position ? C'est ce que pense Charles-Albert Michalet[39]. En effet, pour ce dernier la vente d'une entreprise d'État est un enjeu stratégique majeur, car elle a pour fonction d'intégrer les nations dans le processus de globalisation. L'acquisition d'une entreprise publique, par une multinationale, n'a pas pour unique but l'augmentation du capital argent, mais aussi d'acquérir la force du capital. L'acheteur pouvant aussi intervenir à tous les niveaux économiques du territoire en tant que propriétaire des moyens de production ».

H.Étienne[40] dit, en citant Gérard Selys, dans *Privé du public. à qui profitent les privatisations ?* « Les privatisations sont la conséquence, dès les années 70, d'une exacerbation de la concurrence entre les pays de la Triade : les États-Unis, le Japon et l'Europe, vu les difficultés de conquérir de nouveaux marchés. C'est alors que l'Occident, désespérément à la recherche de nouveaux secteurs de croissance, découvre qu'il existe des marchés à portée de main : les entreprises et les services publics de tous les États sans distinction. Le mécanisme de cette main basse sur les appareils productifs des PVD est connu. Aux États-Unis, Edwin Feulner, directeur de la Heritage Foundation, remet un ouvrage de 1000 pages à la Maison-Blanche au lendemain de l'élection de Ronald Reagan. Cet ouvrage, *Mandate for Leadership,* préconise l'utilisation de l'aide extérieure américaine pour contraindre les PVD à vendre leurs entreprises et leurs services publics. En 1985, l'USAID crée un centre pour la privatisation auquel succède, en 1990, un groupe de privatisation internationale qui a pour fonction la privatisation du secteur public des pays d'Europe Centrale et d'Europe Orientale. Au même moment, naissent et prospèrent des firmes de consultants chargés de sous-

---

[39] Michale (Charles-Albert), « *Le capitalisme mondial* », PUF, Paris, 1998.

[40] Voir H.Étienne

évaluer les entreprises et les services publics à vendre dans le monde. Pour ce faire, le FMI, la BM, la USAID, le Fonds européen de Développement et d'autres organismes sont donc chargés de faire entendre raison aux dirigeants des pays visés par cette politique. Forts de leur pouvoir de persuasion et de l'appui de l'ensemble des pays développés à économie de marché, ils ont beau jeu d'imposer leur politique aux PVD.

On constate, en effet, que les pays qui refusent d'adopter les recommandations du FMI éprouvent de graves difficultés à rééchelonner leur dette. De plus, reconnaissons-le, le FMI dispose de moyens qui peuvent perturber sérieusement une économie nationale. Les pays réfractaires sont placés sur une liste noire ; le crédit à court terme est bloqué, provoquant du même coup le gel du commerce international. Ce pouvoir de dissuasion des institutions internationales place un grand nombre de PVD sous leur tutelle. Les candidats aux fonctions suprêmes et les dirigeants actuels passent tous par la case des bailleurs de fonds, dont ils doivent s'assurer le soutien. Lors d'un débat au Parlement, un ministre sénégalais a ainsi pu faire taire l'opposition par cette simple phrase : « Les bailleurs de fonds sont d'accord ».

Charles-Albert Michalet, dans Le capitalisme mondial, voit dans les privatisations, une manière de fournir au capital occidental « des occasions inégalées d'intégrer les États périphériques dans leurs réseaux globaux à un prix dérisoire ».

Pour Michel Chossudovsky, de nombreux pays débiteurs sont ainsi simultanément incités à mettre leurs sociétés d'État aux enchères. Il s'agit « d'une véritable recolonisation permettant à l'Occident de racheter les pays à rabais[41] » : cette avalanche de ventes fait chuter les prix à leur plus bas niveau. Le capital international obtient ainsi

[41] CHOSSUDOVSKY, Michel, cité par H.Étienne.

le contrôle ou la propriété des entreprises d'État les plus rentables à un prix dérisoire, en ne faisant pratiquement aucun investissement réel.

En liquidant ainsi les entreprises publiques, on pourrait augmenter certes la production intérieure brute, mais on n'augmente pas pour autant la richesse de la nation. Cette richesse apparente se trouve amoindrie par le transfert des bénéfices réalisés vers les pays étrangers. Michalet explique que : « les institutions de Bretton Woods exigent le débauchage massif de salariés et la fermeture des entreprises d'État malades. Le vocabulaire de l'orthodoxie économique est volontiers médical : les sociétés d'État « souffrantes » sont soumises à un programme d'assainissement sous la surveillance de la Banque mondiale, phase préalable à la privatisation dans le cadre de la renégociation de la dette extérieure. Tout comme dans les procédures de faillite, les sociétés d'État de certains pays comme l'Argentine et le Venezuela, par exemple, compagnies aériennes et de télécommunications incluses, furent achetées à un bon prix, non par des entreprises privées, mais par des sociétés d'État européennes . »

Chapitre 15
Difficultés d'assurer la privatisation dans une économie sous-développée

Le rapport[42] de la Banque mondiale sur la RDC propose que soient favorisées des réformes administratives plutôt que la privatisation des entreprises compte tenu de la faiblesse de l'environnement économique actuel de la République Démocratique du Congo.

Hicham El Moussaoui[43] analysait en juin 2008 les raisons de l'échec des privatisations en Afrique de la manière suivante : « Les privatisations d'entreprises nationales ont été l'une des principales recommandations de la BM et du FMI, visant à assainir les comptes publics des pays enlisés dans de graves crises économiques. L'expérience et le recul historique montrent que les résultats de ces politiques de privatisation sont très différents selon le contexte dans lequel elles ont été appliquées. En Argentine, au Chili, en Nouvelle-Zélande, ou en République tchèque, les privatisations ont été un succès. Elles ont permis aux entreprises de gagner en efficacité, d'augmenter leur chiffre d'affaires, leurs investissements, de mieux satisfaire les besoins de leurs

[42] Document of the World Bank, Report No :28048-ZR, March 10, 2004

[43] Hicham El Moussaoui : El Moussaoui (Hicham), « Privatisations en Afrique : les raisons de l'échec »
http://www.libreafrique.org/node/450, copié le 3 avril 2013. *Hicham El Moussaoui est docteur - chercheur en économie*

clients, d'atteindre de nouveaux marchés, et globalement à moyen terme de redynamiser l'emploi. Mais, ici comme ailleurs les mêmes causes n'ont pas produit les mêmes effets. »

En effet, à l'exception de quelques pays (Afrique du Sud, Maroc, Tunisie), nombre d'opérations de privatisation en Afrique n'ont pas donné les résultats escomptés, notamment le développement d'un secteur privé diversifié et compétitif. Les graves crises sociales qui se sont traduites par des pertes d'emplois et le renchérissement des prix de certains biens et services ont non seulement renforcé l'hostilité et la méfiance des populations, mais ont aussi parfois débouché sur une inversion du processus et une renationalisation des entreprises, notamment dans les grands services publics comme l'eau, l'électricité, les télécommunications ou encore les chemins de fer. Le bilan décevant de l'échec des politiques de privatisations s'explique surtout par le non-respect de certains préalables institutionnels :

L'État de droit : Les privatisations se sont effectuées le plus souvent dans un contexte de flou juridique et réglementaire. L'absence ou la faiblesse d'application des lois en raison de la corruption et de la bureaucratie ont rendu difficile l'élimination des pratiques de monopole, la protection des créanciers, la création et la liquidation des entreprises, et la fluidité du commerce. Par ailleurs, le manque de compétence, de transparence et d'indépendance de la justice n'incitaient pas à investir puisque les droits de propriété des investisseurs n'étaient pas entièrement sécurisés. Bref, les opérations de privatisation se déroulent dans un contexte où l'environnement juridique est inadapté, voire incapable d'assurer la protection de la propriété privée et la liberté contractuelle.

La flexibilité des prix : L'absence de flexibilité des prix a créé une incertitude sur les droits d'usufruit sur les biens et services produits par les entreprises privées. Dès lors, il était illusoire d'espérer le développement d'un secteur privé, car les entrants potentiels n'auraient pas été suffisamment incités. Les opérations de privatisation des grands services publics (eau, électricité) en Afrique subsaharienne par exemple ont été souvent mises en place tout en gardant un certain contrôle de prix, ce qui explique le manque d'intérêt des investisseurs surtout au regard de l'importance des investissements exigés.

Par ailleurs, lorsque la libéralisation du commerce extérieur intervient après la privatisation, la disparition de la protection pourrait léser les acquéreurs de certaines entreprises anciennement publiques et saper la crédibilité du programme de privatisation. Par conséquent, la libéralisation des prix et des échanges doit normalement intervenir avant la mise en œuvre des programmes de privatisation, faute de quoi, peu d'investisseurs privés seront intéressés.

La concurrence : Les privatisations se sont souvent opérées sans la mise en place de mécanismes favorables à une réelle concurrence entre les opérateurs. En conséquence, les privatisations s'apparentaient à la transformation d'un monopole public en monopole privé, qui était à la fois peu efficace et mal accepté. En l'absence de libre concurrence, les politiques de libéralisation des prix ont eu un effet inverse à celui escompté. On assiste par conséquent à une multiplication de crises sociales causées par des augmentations vertigineuses des prix (principalement des produit de base) et l'exclusion d'une large partie de la population, souvent la plus vulnérable. Dans cette perspective, la réussite des privatisations est tributaire de la création d'un cadre favorable à une concurrence ouverte et saine. Une concurrence qui contraint les entreprises, sous peine de disparaître, à améliorer la qualité de leurs produits et les pousse à baisser les prix.

Avis et considération sur la privatisation des sociétés d'État

On voit bien que les arguments pour la privatisation sont essentiellement financiers négligeant de ce fait les aspects sociaux et la création de valeur à long terme pour la société.

Ainsi, l'échec du processus des privatisations en Afrique vient du fait qu'on a, d'abord, négligé la création de valeur pour la société et ensuite on a assisté à un transfert de propriété d'un monopole public bureaucratique et corrompu vers à un monopole privé, mais pas à l'émergence d'un secteur privé performant et compétitif.

En conséquence, pour que les privatisations transforment des sociétés d'État mal gérées et budgétivores, en entreprises privées efficaces et compétitives, il faut les inscrire dans le cadre d'une réforme institutionnelle globale.

Enfin, dans le cas de plusieurs pays africains où la corruption, le clientélisme, le détournement des deniers publics, et la mauvaise gouvernance sont endémiques, il n'est pas inutile de se poser la question de savoir si l'Africain moyen profite réellement de sa « richesse nationale » et des entreprises nationalisées dans son pays. Certains pensent que dans ces pays ce sont souvent les pertes des firmes publiques qui sont nationalisées tandis que leurs bénéfices sont privatisés par quelques proches du pouvoir.

En conclusion, il ressort de l'analyse faite dans ce chapitre, que la privation n'est pas une solution à la contre-performance des entreprises publiques, au contraire, cette solution prive les gouvernements des revenus et ressources importantes à son développement, principalement pour les pays sous-développés et ignore la valeur ajoutée sociale.

Dans le cas de la RDC, je note que notre pays demeure encore un pays à haut risque politique et par conséquent, aucun investisseur sérieux ne peut vouloir y venir investir, à part bien sûr les fauteurs en eau trouble. Des efforts devront au préalable être faits pour garantir un bon environnement d'affaires et l'établissement d'un véritable État de droit avant d'envisager une quelconque réforme dans le sens de la privatisation. En attendant et au regard des résultats plutôt mitigés des privatisations en Afrique sub-saharienne, quelles autres perspectives s'offrent à nos pays africains et aussi pour le cas d'espèce de la RDC, la question est de savoir si les sociétés d'État au Congo ont encore un avenir. L'avenir des entreprises publiques en République Démocratique du Congo passe nécessairement par des réformes de bonne gouvernance que je propose dans la partie qui suit les grandes lignes des réformes actuelles de Copirep que j' appelle cadre de gouvernance des entreprises publiques.

SIXIEME PARTIE
LE COPIREP ET LES RÉFORMES DES ENTREPRISES PUBLIQUES

Chapitre 16
Situation problématique

Les programmes de réforme des entreprises publiques au Congo s'amorcent ensemble avec les programmes d'ajustement structurel qui déplorent le manque de performance et de rentabilité des entreprises publiques en matière de réalisation des recettes financières, de financement des budgets annuels de l'État et de la participation à la croissance économique.

À ce propos, le PNUD[44] souligne le fait suivant : bien que comprenant seulement 76 entreprises, le portefeuille d'avant l'indépendance a contribué au financement du Plan décennal 1949-1959 pour plus de 40% du montant total des investissements publics. La contribution des revenus du portefeuille aux recettes budgétaires a été évaluée à 7% en 1960. Elle est tombée en dessous de 0.5% à la fin de la décennie 1970. C'est autant dire que dans la décennie 1980, cette contribution était devenue presque nulle.

Dans son rapport sur le développement humain 2008 sur la RDC, le PNUD note qu'en 2003, l'État était présent dans tous les secteurs d'activité avec 121 entreprises comme repris dans le Tableau no 2 ci-dessous.

---

[44] Cité par H.N. Lukunga dans « Reformes de l'administration et privatisation des entreprises publiques » chap.4 p.67.

Tableau no 2 - Situation du portefeuille de l'État en 2003

Secteurs d'activité	Entreprises publiques	Entreprises mixtes	Tot al
Agro-industrie	7	8	**15**
Mines	4	5	**9**
Manufacture	2	18	**20**
Transports	9	3	**12**
Énergie	3	7	**10**
Finance	7	9	**16**
Commerce et Services	16	18	**34**
Autres	5	0	**5**
Total	**53**	**68**	**121**

Source : PNUD : RDC, Rapport national sur le développement (2008, p.125)

Il ressort de ce tableau que l'État est présent dans les infrastructures de base – son secteur naturel– mais également dans la production des biens et services.

Dans son rapport annuel 2013, le Comité de Pilotage de la Réforme des Entreprises Publiques, COPIREP, déclare que le portefeuille de l'État était constitué avant la réforme de 2008 de 51 entreprises publiques et souligne ceci[45] : « Ces entreprises publiques dominent la structure économique du pays et sont souvent prestataires exclusives de services. Elles occupent près de 80 % de l'espace économique de la RDC. A ce titre, leur déliquescence a entrainé de facto celle de l'économie dans son ensemble. De manière générale, les entreprises du portefeuille de l'État se caractérisent par une faible productivité, une mégestion manifeste, des services de qualité médiocre rendus à la communauté, un outil de production vétuste et obsolète. Au lieu d'être des unités

[45] Copirep, Rapport Annuel 2013, p.19

créatrices des richesses et d'emplois, elles sont devenues une charge très lourde pour l'État-propriétaire. Plusieurs études menées dans le cadre de ces entreprises ont conclu à leur inefficacité et leur manque de compétitivité. »

Parmi les facteurs explicatifs de la déliquescence du portefeuille, il y a certes la crise économique générale que connaît le pays depuis de nombreuses années, laquelle est aggravée notamment par deux vagues de pillage et de destruction de l'outil de production, les rébellions, les guerres, et il y a aussi, le fait que l'État-propriétaire manque de vision claire sur son portefeuille, ce qui se traduit, par ailleurs, par l'absence d'une stratégie cohérente de gestion.

L'existence des objectifs contradictoires et conflictuels a multiplié les contraintes et les problèmes auxquels ce secteur doit faire face (Mabi Mulumba, 1998). On relève par exemple : des injonctions non orthodoxes des différentes instances politiques sur les gestionnaires ; l'existence de plusieurs tutelles souvent en conflit, pour chaque entreprise ; des ponctions financières injustifiées et non comptabilisées de la part des instances politiques diverses et l'utilisation abusive et à leur guise des patrimoines des entreprises ; la multiplicité des organes de gestion, de surveillance et d'administration sans commune mesure avec les impératifs d'une gestion saine ; des intimidations, des chantages fréquents et des sanctions injustifiées aux gestionnaires ; des gestionnaires choisis sur la base souvent des relations personnelles en lieu et place des critères de compétence ; la fixation arbitraire de certains tarifs et le retard ou le non-paiement par l'État de ses consommations ; des changements fréquents et injustifiés des mandataires.

L'État congolais apparaît ainsi comme un actionnaire ambitieux, mais totalement distrait. Il a été acteur, conscient ou inconscient, de la destruction de ses propres entreprises. Le bilan de cette mégestion se résume actuellement en une série de problèmes, comme le décrit COPIREP dans son rapport annuel 2013 : « Sur le plan administratif et organisationnel, ces entreprises se caractérisent par la pléthore et le vieillissement du personnel, des structures organiques inadaptées, le manque ou l'absence de personnel qualifié, des charges du personnel très élevées, le taux de productivité très faible. Sur le plan technique, on note le manque ou l'insuffisance de matériel et d'équipements nécessaires à l'exploitation, l'obsolescence du matériel et des équipements, l'absence de politique de maintenance et de renouvellement de l'outil de production. Sur le plan opérationnel, les entreprises du portefeuille de l'État sont caractérisées par la mauvaise qualité des services rendus, une faible production et une gouvernance inefficace. Sur le plan financier, elles sont déficitaires, surendettées avec une dette sociale qui constitue le passif le plus lourd, en cessation de paiement. »

Au vu du rôle moteur attendu des entreprises du portefeuille de l'État dans la croissance économique, ces mêmes entreprises, de par leur fonctionnement médiocre, deviennent ainsi l'une des causes majeures de la baisse de compétitivité du secteur privé et de celle de l'économie nationale tout entière. C'est ce diagnostic qui justifie, sans doute, pour le gouvernement et ses partenaires au développement la réforme du portefeuille de l'État.

Ainsi par quatre décrets du 24 avril 2009 portant transformation des entreprises publiques et publiés le 30 avril 2009 dans le Journal Officiel de la République Démocratique du Congo, les entreprises publiques du secteur marchand sont transformées en sociétés commerciales tandis que les entreprises publiques dont les activités sont lucratives et non concurrentielles, soit le prolongement de celles de l'administration publique, soit bénéficiant d'une parafiscalité et qui poursuivent une mission d'intérêt général, sont transformées, selon le cas, en établissements publics ou en services publics. Celles en état de cessation de paiement et/ou dont l'activité économique ne se justifie plus, sont dissoutes. Au total, 45 entreprises ont été transformées soit en sociétés commerciales, soit en établissements publics ou en services publics et 6 entreprises publiques en état de cessation de paiement ont été dissoutes.

Chapitre 17
Performance – ce bien vilain mot

La privatisation de certaines entreprises publiques serait en grande partie justifiée par la faible performance ou simplement par le manque de performance de leur part. L'assertion derrière ce choix de privatiser est que les entreprises publiques performent moins que les entreprises privées.

Le professeur Richard Bozec[46] de l'École de gestion Telfer (Telfer School of Management) de l'Université d'Ottawa parle d'un préjugé entretenu à propos de la faible performance des entreprises publiques considérées comme foncièrement inefficaces par rapport aux entreprises privées.

La notion de performance est difficile à appréhender, car elle peut être mesurée par de très nombreux indicateurs et être interprétée sous différents angles. On définirait, toutefois, la performance d'une entreprise comme étant sa capacité à réaliser ses objectifs stratégiques. Il s'agit donc pour l'entreprise d'assurer un alignement entre le stratégique et l'opérationnel.

Comment mesure-t-on la performance ou au mieux, quels sont les indicateurs de performance des entreprises ? Les indicateurs de performance sont d'excellents outils pour piloter une activité et s'assurer que les équipes

---

[46] Bozec(Richard), « L'analyse comparative de la performance entre les entreprises publiques et les entreprises privées : le problème de mesure et son impact sur les résultats ». L'Actualité économique, Vol.80, no 4, décembre 2004, p.619-654

produisent leurs efforts dans le même sens pour atteindre les objectifs assignés. Donc, faire en sorte que les actions décidées en comité de gestion soient déclinées au niveau de l'ensemble des services au plus près du terrain.

Le premier d'entre les indicateurs est la capacité pour une organisation à atteindre ses objectifs. On parle alors d'efficacité. Ce qui revient à s'interroger "si on fait bien les choses ?". Un second est d'atteindre les meilleurs résultats possibles avec les moyens qu'elle met en œuvre. C'est le concept d'efficience ou une utilisation optimale des ressources à disposition. Soit "Faire le mieux possible avec ce que l'on a".

Les indicateurs de performance sont la synthèse des données clés de l'entreprise. Avec ces indicateurs, le dirigeant connaîtra rapidement si son entreprise se porte bien ou non. Puis, il pourra agir efficacement pour corriger les erreurs qui se sont révélées ou poursuivre et accroître son développement. Ce sont donc des informations concrètes et opérationnelles.

Le professeur Bozec poursuit en disant que les arguments qui concluent à la non-performance des entreprises publiques sont trompeurs, car un grand nombre des études qui concluent à la moindre performance des entreprises publiques négligent, ou du moins sous-estiment, les avantages sociaux qui sont la contrepartie d'inefficiences commerciales. En fait, analyser la performance est un non-sens si l'analyste ne reconnaît pas au départ que ces objectifs sociaux (objectifs politiques) font partie du rôle objectif d'une société publique. Les arguments de ceux qui invoquent le problème de mesure sont difficiles à réfuter, car les bénéfices sociaux qui résultent des objectifs non commerciaux sont externes à l'entreprise, donc difficiles à quantifier.

La performance entre les entreprises publiques et les entreprises privées est généralement comparée sans considérer les disparités possibles entre les objectifs poursuivis par les entreprises.

Le tableau de bord et la mesure de la performance d'entreprise

Pour évaluer la performance d'une entreprise, il est nécessaire de déterminer des mesures ou des cibles à tous les niveaux : financier, économique, social, organisationnel, etc. Un des outils que les entreprises peuvent utiliser dans l'analyse de la performance de l'entreprise est le tableau de bord qui est un outil central d'aide à la décision.

L'objectif premier d'une entreprise est d'être performante, c'est-à-dire d'être efficace dans le domaine dans lequel elle est engagée. Pour la plupart des entreprises, c'est-à-dire celles à but lucratif, l'objectif est donc d'engranger un maximum de bénéfices. Cependant, cela ne se fait pas du jour au lendemain, et des critères sont donc là pour indiquer du bon fonctionnement de l'entreprise et de son développement.

Tout dirigeant d'entreprises privées ou publiques se doit de maintenir ou d'améliorer la performance de son entreprise. Pour mesurer efficacement cette performance, l'entrepreneur doit mettre en place des indicateurs de performance. Ceux-ci vont lui permettre d'avoir un aperçu presque direct de l'évolution des résultats. Le tableau de bord fonctionne via des indicateurs précis et de différentes données issues du système d'information.

Chapitre 18
Enjeux, contraintes, environnement et options

Enjeux et objectifs stratégiques

La note introductive sur la situation problématique et l'échec des entreprises publiques au Congo pose la *Performance* et la *Rentabilité* comme principaux enjeux stratégiques de ces entreprises, ce qui justifierait en conséquence leur réforme et leur transformation.

Contraintes

La non-rentabilité et l'absence de performance de ces entreprises sont consécutives à une mauvaise gouvernance ayant conduit à leur faillite généralisée et à un assèchement de leur trésorerie, ce qui bloque tout projet de relance de leurs activités par manque de moyens financiers nécessaires.

L'absence des ressources financières et la mauvaise gouvernance sont les principales contraintes auxquelles sont confrontées nos entreprises publiques pour pouvoir relancer leurs activités.

La réponse à ces deux verrous serait le début de solution aux malheurs de nos entreprises publiques.

Scanning de l'environnement interne et externe

L'environnement externe des entreprises au Congo est caractérisé politiquement par des systèmes dictatoriaux successifs avec leur cohorte des maux tels que la corruption, la prédation, le clientélisme, les nominations arbitraires, les ponctions régulières dans la caisse des entreprises, les rebellions successives alors que l'environnement socio-économique rime avec la mondialisation des marchés et une paupérisation toujours crescendo des masses populaires locales.

L'environnement interne des entreprises publiques est dominé par la mégestion, l'incompétence des dirigeants, la corruption, le détournement des fonds et l'assèchement de la trésorerie, le non-renouvellement de l'outil de production.

Options stratégiques inadaptées

La voie de la relance et de redressement choisie par le Gouvernement et le Comité de pilotage de la réforme des entreprises du portefeuille de l'État (Copirep) porte la marque de privatisation et de liquidation d'une part et de simple transformation juridique d'autre part. Sur 51 entreprises publiques[47] du portefeuille, 6 furent liquidées, 21 transformées en établissements publics et 4 en services publics, tandis que les 20 entreprises transformées en sociétés commerciales furent privatisées. Cette privatisation se fait sous la forme de contrat de gestion, contrat concession et la cession d'actif. Le rapport de 2013 du Copirep parle entre autres du désengagement progressif de l'État du secteur marchand et du renforcement du rôle normatif et régulateur de l'État *(sic)*. Le Copirep croit atteindre, grâce à ces réformes[48],

---

[47] Voir liste en annexe

[48] Copirep, Rapport annuel 2013, p.20

- l'assainissement du Portefeuille de l'État du secteur des entreprises publiques ;

- l'amélioration de l'organisation de la gestion du Portefeuille de l'État ;

- l'amélioration de la qualité des biens et services rendus par les entreprises publiques ;

- le renforcement de la compétitivité des entreprises publiques, par l'amélioration de la gouvernance.

Avis et considération

Considérant que la solution proposée ne répond pas au diagnostic établi de la faillite de nos entreprises publiques, il y a lieu de dire que le « miracle » attendu par le Copirep n'aura pas lieu. L'inadéquation flagrante entre les maux dont souffrent les entreprises du portefeuille et la thérapeutique appliquée me fait dire que tout le monde voit le mal, mais personne ne veut le soigner. Le mal de nos entreprises est la mal gouvernance avec une culture de gestion surannée qui doit être modernisée en appliquant les meilleures pratiques de gouvernance. Comme je vais le montrer plus loin, en l'absence d'un cadre réel de gouvernance et des lignes directrices, les résultats attendus demeureront un vœu pieux.

Chapitre 19
Réformes COPIREP et défis réels

Analysons ensemble les différentes réformes retenues par le Copirep pour « assurer » la rentabilité et la performance des entreprises publiques ciblées :

Contrat de concession : Avantages et challenges

Contrat par lequel la puissance publique délègue la gestion complète du service à un opérateur, y compris la responsabilité des investissements. L'opérateur se finance par les revenus des ventes aux consommateurs, moins éventuellement, une petite taxe reversée à la partie publique.

L'urgence pour le gouvernement de reformer s'est heurtée à une contrainte majeure : l'absence de ressources financières. Le recours aux contrats de concession (Regideso, SNEL) et à la vente d'actions (CCT, CINAT) pour relancer certaines entreprises a comme avantage d'apporter de l'argent frais dont l'État ne dispose pas. En effet, les contrats de concession ont l'avantage de permettre de réhabiliter les infrastructures désuètes, parfois en état pitoyable et d'en construire des nouvelles infrastructures. Dans le domaine de l'eau, par exemple, il est souvent noté des nouveaux branchements et l'extension des réseaux et de connexions.

Par contre, les challenges, avec ce type de contrat, sont multiples. En effet, le désir d'obtenir à tout prix de l'argent frais pour relancer des entreprises moribondes peut laisser peu ou pas du tout une marge de manœuvre à l'État pour discuter d'égal à égal avec les investisseurs et faire valoir l'intérêt national ou ses obligations de suivi et de contrôle de la société. La gestion du transfert de technologie, le renouvellement des équipements, le maintien des infrastructures pour assurer la pérennité de l'exploitation au terme du contrat, mais aussi, la perception des redevances, taxes et impôts sont autant de défis pour l'État qui doit allier utilité socio-économique et rentabilité ou, plus généralement, concilier la logique d'État et la logique de marché. Le rôle du représentant du Gouvernement au sein du conseil d'administration, il devrait y en avoir un, lui donne-t-il le droit d'opposer son veto à certaines décisions comme la modification de la structure du capital ou les transferts d'actions ?

Les expériences antérieures de General Motors ou de Goodyear ont laissé un traumatisme chez les Congolais qui ont vu ces entreprises fermer leurs portes, en emportant leurs équipements, sans faire aucun transfert de technologie après avoir bénéficié d'un régime fiscal exceptionnel sous le code zaïrois des investissements. La fin du contrat ne devrait pourtant pas signifier la fin de l'exploitation. La volonté des autorités d'assurer des lendemains meilleurs à ces entreprises pour les Congolais demeure un défi de taille. Le Gouvernement devra disposer d'un plan stratégique à long terme incluant la formation du personnel local pour prendre la relève du projet et avoir un droit de contrôle sur l'entreprise. Le droit général de contrôle pour l'État devrait s'exercer sous forme d'inspections effectuées par des représentants du gouvernement. En effet, des lois nationales devraient le préciser, par exemple, le droit d'avoir accès à tous les documents, livres et d'obtenir des rapports périodiques.

La Régideso et son contrat de concession et de gestion destiné à améliorer sa performance

Dans le cadre du Projet d'alimentation en Eau potable en Milieu Urbain (Pemu) financé par la Banque mondiale, la Régie de distribution d'eau (Regideso), qui assure le captage, le traitement et la fourniture d'eau potable dans 95 centres urbains, a été transformée en société commerciale en décembre 2010. Elle est liée par un contrat de performance avec l'État depuis février 2012. Par ailleurs, un contrat de service a été signé en septembre 2012 avec le groupement sénégalais des eaux/Finagestion, ce dernier étant également actionnaire de la Société des eaux de Côte d'Ivoire (Sodeci).

Côté investissements, la réhabilitation et l'extension des infrastructures de production et de distribution d'eau à Kinshasa, Lubumbashi et Matadi sont engagées. L'ensemble de ces projets devrait porter le taux de desserte en eau potable des populations urbaines à 50 % d'ici à 2020.

Simple illusion - bras de fer inévitable population/concessionnaire

Tous les contrats de concession dans le domaine de l'eau en Afrique se sont soldés par des échecs. Le modèle sénégalais, jadis vanté, n'a été qu'une illusion en bout de ligne. Aux améliorations globalement apportées dans la gestion de l'eau au Sénégal du fait des contrats de concession, il faut souligner des augmentations de prix de l'eau. Pour une population au pouvoir d'achat faible, ces augmentations de prix ont engendré un accroissement des factures impayées et donc remis en cause l'équilibre financier de l'entreprise.

Diouf Elimane et Olivier Petitjean[49] soulignent que le concessionnaire ne pourra s'assurer des profits conséquents, ce qui est la seule raison d'être d'une entreprise privée, que de deux manières : soit en augmentant drastiquement le prix

---

[49] Diouf (Elimane) et (Oliver) Petijean. « Privatisation de l'eau, le Sénégal à la croisée des chemins » mai 2011.

de l'eau, au risque de se voir confronté à une résistance de la population et à une flambée des impayés, soit en ne réalisant qu'une faible partie des investissements nécessaires, ce qui est une tendance déjà fréquente chez les concessionnaires vu que leurs contrats ne courent au mieux que sur 25 ans alors que la durée de vie des réseaux et des équipements est plutôt de l'ordre de 50 ans. Dans les deux cas, la population, et d'abord les plus pauvres, en feront les frais.

Au Ghana dit Adam Alhassan[50] quinze ans de réformes et cinq ans de contrat de gestion n'ont produit aucun résultat significatif dans le secteur de l'eau en zone urbaine. Les industriels et les particuliers se plaignant quotidiennement des mauvais services d'eau et des tarifs plus élevés. Du côté de la distribution d'eau en zone rurale, il y a eu une augmentation des infrastructures, mais avec moins d'attention portée aux réparations, à la maintenance et à la qualité de l'eau.

En Côte d'Ivoire le 1er mai 2016, le président Alassane Ouattara a dû faire des annonces pour calmer la grogne sociale51 provoquée par des hausses de prix de l'eau et de l'électricité. Il a annoncé l'annulation de la dernière hausse du prix de l'électricité et la fin du monopole de la distribution d'électricité et de l'eau. Les quatre confédérations syndicales de travailleurs du pays avaient toutes dénoncé « le malaise » provoqué par la hausse du coût de l'électricité, chiffrée à 40% sur cinq ans par l'Union fédérale des consommateurs. « Il faut mettre fin au monopole de la compagnie ivoirienne d'électricité (CIE) et de la société de distribution d'eau (SODECI), a déclaré Alassane Ouattara lors des célébrations de la fête du Travail, dimanche 1er mai. »

[50] ADAM (Alhassan), « Le Ghana en quête des moyens d'étancher sa soif, Crise de l'eau et politique de privatisation en Afrique » mai 2011.
[51] Jeune Afrique. « Côte d'Ivoire : les annonces d'Alassane Ouattara pour calmer la grogne sociale » 2 mai 2016

Contrat de gestion et contrat de performance

Concomitamment aux contrats de concessions, le gouvernement congolais a signé une série de contrats de gestion avec des entreprises telles que la Regideso, la SNCC, la SCTP, la RVA et la GECAMINES. Ces contrats de gestion s'inscrivent dans la logique de renforcer la gouvernance d'entreprise de manière à en améliorer la performance. Le contrat de performance entre la société de patrimoine et chaque société d'exploitation définit le niveau de performance à atteindre, avec des objectifs quantitatifs et qualitatifs précis assortis d'indicateurs y relatifs.

Le 23 avril 2018, les mandataires des entreprises publiques ainsi que l'État congolais, représenté par la ministre du portefeuille Wivine Mumba Matipa, ont deux types de contrat : l'un de performance et l'autre de mandat. Le contrat de performance signé entre les deux parties intègre les principaux axes de la nouvelle approche de gestion notamment basée sur le résultat à impact visible, la bonne gouvernance, mais aussi les exigences de la clientèle ou des usagers.

À première vue, la démarche paraît louable. Cette démarche pèche par l'inconsistance gouvernementale. La stratégie gouvernementale devrait s'inscrire dans un cadre global incluant toutes les entreprises publiques en indiquant clairement les attentes du gouvernement pour le conseil d'administration, sa structuration, ses relations avec le parlement et le rôle de comité de gestion dans la nouvelle gouvernance d'entreprise. La politisation de choix des gestionnaires des entreprises paraît comme une entorse dans la bonne gouvernance, ceux-ci se considérant à plusieurs titres comme des ayants droit grâce à leur succès politique. En outre, on constate que le gouvernement recourt à des firmes étrangères pour assurer la bonne gouvernance des entreprises locales, occasionnant de facto des coûts administratifs importants. Une réforme interne avec les compétences nationales, il en existe, suffirait à résoudre le problème. C'est ce que je développe dans la dernière partie de ce livre.

Cession d'actions : Spoliation du patrimoine national

La cession totale des actions que l'État détenait dans Congo

Chine Télécoms (CCT) 49% et dans la Cimenterie Nationale (CINAT) 58% le prive d'un pouvoir de contrôle direct sur ces entreprises, pour se contenter des impôts sur le bénéfice que paieraient ces entreprises. La privatisation n'est alors qu'une opération financière dont le but est de générer des recettes publiques à court terme.

Les raisons qui ont poussé l'État à se défaire de ses actions dans CINAT sont floues et nébuleuses et par conséquent non justifiées. Alors qu'on assiste à un boom de constructions au pays, on ne peut justifier une telle décision de se débarrasser d'une de ses cimenteries.

En Afrique, l'industrie du ciment est partout en pleine croissance. Voici ce que l'ANAPI[52], Agence Nationale pour la Promotion des Investissements en République Démocratique du Congo dit de l'industrie du ciment et de la libéralisation de l'importation du ciment : « Le marché congolais du ciment souffre d'une pénurie due au fait que la production nationale de ce produit n'arrive pas à couvrir les besoins de consommation interne. Vu l'explosion du secteur de la construction dans le pays, la demande demeure toujours importante par rapport à l'offre. Étant donné qu'il a existé des dispositions légales interdisant l'importation du ciment au pays, cela a joué un rôle néfaste sur l'équilibre des prix sur le marché intérieur. Le Gouvernement de la République, ayant constaté ce

[52] ANAPI, Site, http://www.investindrc.cd/fr/spip.php?article550

phénomène, a pris des mesures pour alimenter le pays en ciment importé et limiter les exportations. C'est ainsi que le ministre de l'Économie nationale et du Commerce a pris un Arrêté n° 005/CAB/MIN-ECONOAT&COM/2007 DU 8 MARS 2007 modifiant l'Arrêté ministériel n°006/CAB/MIN-ECO/2007 du 11 juillet 2007 réglementant l'approvisionnement du marché intérieur pour certains produits de grande consommation. »

Le pire de paradoxe est alors, comment l'État a décidé de se départir de ses actions dans des entreprises d'un secteur en forte demande. Suivez donc mon regard !

Chapitre 20
Réformes COPIREP : Pour quel résultat ?

Comme je l'ai souligné précédemment, la thérapeutique Copirep aux problèmes des sociétés d'État, à savoir, la privatisation ou la transformation juridique, pour résoudre le problème de performance des entreprises publiques de l'État congolais paraît à bien des égards une solution partielle. Serait-il un simple écran de fumé utilisé par le gouvernement pour ne pas voir la réalité de nos entreprises publiques ? Tout se passe comme si, alors qu'on connaît le problème, mais on ne veut pas le voir dans sa vraie réalité.

Le problème, je le dis, les entreprises publiques congolaises souffrent d'un déficit de structure de gouvernance. Et la privatisation, dans ce cas, n'est pas la réponse appropriée, mais bien une simple fuite en avant.

La privatisation ou la transformation des statuts juridiques des entreprises élude le vrai problème de gestion stigmatisé comme la cause de l'échec de nos entreprises publiques. Le changement des statuts juridiques d'une entreprise ne peut en elle seule, comme par miracle propulser l'entreprise vers des progrès.

Ce qu'il faut dans la gouvernance des entreprises publiques en RDC c'est le changement de culture des affaires, la mise en place de nouvelles règles de gouvernance pour le conseil d'administration, la définition des directives ou attentes claires du gouvernement à l'endroit de la gestion et enfin la responsabilisation à tous les échelons de prise de décision.

L'échec des réformes mises en place par le Copirep était prévisible parce que le remède proposé ne cadrait pas avec le diagnostic présenté.

À la suite des dernières mises en place et nominations par le président de la République Démocratique du Congo des dirigeants d'entreprises publiques, des conseils d'administration et des comités de gestion, intervenue le 14 juillet 2017, j'ai épinglé le commentaire du député national Delly Sessanga lors d'une interview accordée à la journaliste Paulette Kimuntu le 16 juillet 2017. Mr. Sessange disait ce qui suit : « On ne soigne pas un cancer avec un cachet de petites aspirines. La réforme des entreprises publiques a été une calamité. Les entreprises publiques souffrent d'un problème de gouvernance. » Au niveau du gouvernement qui a initié ces réformes, des sons discordants se sont faits entendre plus d'une fois pour déplorer le manque d'efficacité des solutions Copirep, comme les décrient ces articles ci-dessous par lesquels je vais conclure cette partie.

Lisons ce 1er article du Journal Le Potentiels 2 mars 2016 sous la plume de Faustin K. qui cite le premier ministre Augustin Matata Mponyo. Intitutlé « Nouvelle mise en place dans les entreprises du portefeuille : Matata s'y prépare. » Lisons : « Depuis la dernière nomination de 2008, après un concours supervisé par le Comité de pilotage de la réforme des entreprises du portefeuille de l'État (Copirep), les entreprises publiques transformées en sociétés commerciales, baignent dans un désordre indescriptible. » En effet, selon l'auteur, ces entreprises constatent la Troïka stratégique peinent encore à jouer leur rôle économique et financier non seulement en ce qui concerne fa mobilisation des recettes publiques, mais surtout dans leur dimension structurante de l'économie nationale.

Un 2ième article du Quotidien kinois Le Phare du 3 juin 2016 abonde dans le même sens avec comme titre : « Transformées, plusieurs entreprises publiques sont encore des canards boiteux ». En effet, le Vice-premier ministre et ministre des Postes, Monsieur Thomas Luhaka, a procédé, hier jeudi à Romeo Golf, à l'ouverture des travaux de l'atelier sur la réforme des entreprises publiques. Analysant la situation sur le terrain, dit Le Phare « il n'a pas caché sa déception quant à la manière dont la plupart des entreprises structurantes fonctionnent. Le comité et le conseil d'administration ne travaillent pas dans l'harmonie. Le constat est que tous assurent s'insérer dans la vision de la réforme, mais très peu peuvent se prévaloir d'actes concrets et de résultats dans ce sens ».

Conclusion

Tous ces ratés constituent des signes prémonitoires de la situation à venir des entreprises publiques, si aucune véritable réforme n'est initiée.

SEPTIEME PARTIE

MA VISION POUR DES ENTREPRISES PUBLIQUES PERFORMANTES : INSTAURER UN CADRE DE BONNE GOUVERNANCE DE RESPONSABILISATION ET DE PERFORMANCE

« Quand vous cherchez des gens à recruter, vous devez rechercher trois qualités : l'intégrité, l'intelligence et l'énergie. Et s'ils ne possèdent pas la première, les deux autres vous tueront. »

Warren Buffet

Chapitre 21
Les caractéristiques du secteur public et leurs effets sur la gouvernance

Secteur public et gouvernance

L'État est le représentant de la population ; celle-ci élit le gouvernement, selon sa capacité à bien la représenter. L'opinion publique a donc une influence considérable sur la volonté gouvernementale à intervenir dans le fonctionnement de l'entreprise d'État. L'un des facteurs considérés comme cruciaux dans le comportement de l'État est la gestion des fonds publics. L'argent dont dispose l'État n'est pas le sien. C'est celui de la population et l'État est garant de son utilisation, selon des normes raisonnables. Toute la philosophie de fonctionnement de l'État gravite autour des méthodes utilisées pour garantir la meilleure utilisation des ressources disponibles.

En ce qui a trait au fonctionnement de l'État, les représentants de la population sont obligés de confier les activités à des agents, fonctionnaires de ministères, cadres d'organismes publics et gestionnaires d'entreprises d'État en leur laissant les marges de manœuvre qui permettent l'utilisation du savoir-faire et de l'expertise dans la prise de décision. On doit au même moment mettre en place des mécanismes de contrôle qui font en sorte de garder les agents honnêtes. Le milliardaire américain Warren Buffet a dit : « le choix d'un bon dirigeant devrait reposer sur trois critères, à savoir l'intégrité, l'intelligence et l'énergie.

Et si le dirigeant que vous choisissez ne possède pas le premier critère, les deux autres vous tueront ». La question que d'aucuns se posent face à la pauvreté mentale qui conduit facilement à la cupidité : *Avons-nous encore des gens intègres en RDC ?*

Pour garantir la bonne utilisation des ressources et une bonne réconciliation des intérêts légitimes de la population avec le management, il faut influencer les décisions des gestionnaires et des agents de manière à ce qu'ils servent les intérêts des populations. Cette influence est surtout indirecte, se fait de manière similaire dans les secteurs public et privé. Le système d'État est assorti de valeurs, notamment le meilleur service envers le public et de l'intégrité dans l'utilisation des ressources.

Il est clair que pour réussir une exploitation judicieuse de nos entreprises, le gouvernement devrait énoncer ouvertement ses attentes de gestion envers les dirigeants d'entreprise qui sont le conseil d'administration et l'équipe de gestion courante. Ceux-ci devront être en mesure d'incarner un certain nombre de valeurs essentielles de management. La bonne gouvernance dépendra donc de la qualité du leadership et d'un cadre de gestion qui inclut des objectifs stratégiques, les intérêts du peuple congolais, les valeurs de gestion, la responsabilité et la performance. Ce cadre est présenté dans le chapitre suivant. Il se définit comme un cadre axé sur le résultat pour les Congolais. Plus que jamais le Congo a besoin de sortir des sentiers battus et s'inscrire en plein dans les bonnes pratiques de gestion expérimentées ailleurs dans le monde.

Mais avant toutes choses, analysons ensemble les quelques défis auxquels la mise en place d'un tel cadre pourrait faire face.

Défis de gouvernance dans les entreprises publiques en RDC

Volonté politique de la part du gouvernement

Parmi les défis à relever pour les entreprises publiques, il y a avant tout, la volonté politique des gouvernants de reconnaître que l'échec actuel des entreprises publiques est de la responsabilité première de l'État congolais. Les analyses précédentes ont clairement établi la manière dont nos gouvernements successifs ont favorisé la mal gouvernance du fait du système de prédation, de clientélisme et de corruption qu'ils ont volontairement et involontairement entretenue. Le gouvernement peut vouloir appliquer les règles de bonne gouvernance qu'il s'est données, mais il peut aussi les fouler aux pieds s'il continue de garder les pratiques décriées de corruption et autres. En définitive, l'avènement d'un État de droit est le principal gage d'une bonne gouvernance.

La volonté politique du gouvernement pourra prendre la forme de l'obligation impérative de rendre compte de la part des entreprises en produisant des rapports financiers annuellement sans défaut, au risque de sanction allant jusqu'à la révocation des dirigeants. Cette obligation de rendre des comptes des administrations et services publics se fera en rapport avec des objectifs préalablement définis dans un plan stratégique de l'entreprise, plan rendu obligatoire en conséquence. L'indépendance du conseil d'administration vis-à-vis du comité de direction est un engagement du gouvernement pour soustraire la gestion de collusion entre le comité de direction et le conseil d'administration, surtout quand l'on sait qu'il y a des membres de direction qui sont en même temps administrateurs dans la même entreprise. Cette volonté politique pourra également se manifester par la création d'un organe de suivi de la bonne gouvernance des entreprises publiques au sein du ministère de portefeuille dont les rapports sont présentés au parlement chaque année. Le gouvernement devra rendre obligatoire la création des comités au sein du conseil d'administration. L'existence des comités, par exemple, de stratégie, de vérification, de risque ou de ressources humaines, est une façon de rendre les conseils moins passifs que par le passé et de s'assurer qu'ils sont capables de débattre des enjeux qui méritent leur attention.

Changement de culture de la part des managers

Le changement de culture de management s'impose à ce jour, avec toutes les mutations que connaisse la planète. En effet, du fait de la mondialisation des marchés, les entreprises et les managers se doivent de trouver de nouvelles façons de gérer leurs unités pour assurer leur existence. Le conseil d'administration devra se restructurer pour bien assurer son rôle d'organe de contrôle de la gestion. Le directeur général, en sa qualité de manager au quotidien de l'entreprise, devra désormais porter la casquette de stratège, c'est-à-dire avoir une vision pour l'entreprise dans un environnement en constante mutation. Il devra posséder et développer des capacités d'anticipation et d'innovateur pour positionner son entreprise en assurant une congruence entre l'entreprise et l'environnement.

Benchmarking ou meilleures pratiques de management

Les transformations actuelles, nées de la mondialisation des marchés, contraignent les gouvernements à envisager de nouvelles manières de conduire la gestion de leurs entités et entreprises en recourant à des pratiques avant-gardistes pour mieux assurer le bien-être de leurs populations.

Le recours aux entreprises publiques ou sociétés d'État est utilisé, ce jour, par plusieurs États du monde comme moyen pour atteindre leurs objectifs de livrer des biens et services aux populations et, assurer leur mission de développement. Ce faisant, la gouvernance de ces entreprises devient aussi importante que la gouvernance de l'État lui-même. Les gouvernements sérieux développent des outils de surveillance et de régie de leurs sociétés d'État. Les entreprises publiques sont confiées à des managers compétents qui sont imputables de leur gestion quotidienne.

La bonne gouvernance des entreprises d'État se révèle de nos jours comme un contrat et une question des valeurs et des principes entre le citoyen et les managers qui ont la responsabilité de gérer, pour le compte des Congolaises et des Congolais, les ressources humaines, financières et matérielles. Cette gestion doit répondre aux normes et exigences classiques et répondre aux attentes des Congolaises et des Congolais. De ce fait, le gouvernement de la République Démocratique du Congo se devra d'établir des directives claires à suivre par les dirigeants des entreprises publiques, conseil d'administration et comité de gestion. Ces directives devraient viser avant tout la performance, quelle que soit la nature des activités et la forme de l'entreprise. La performance étant ici considérée comme l'atteinte des objectifs que se fixe une entreprise. Ces objectifs peuvent être quantitatifs ou/et qualitatifs. La performance dans ce cas vise la création de valeurs ou l'accroissement du bien-être social des Congolaises et des Congolais grâce à l'apport additionnel du service ou du bien offert. De cette façon, quel que soit le secteur dans lequel elles évoluent, les entreprises publiques de l'État sont tenues d'être performantes et, l'obligation du résultat devient un impératif.

Des meilleures pratiques de management seront exigées aux entreprises publiques dont la responsabilisation de l'État dans la mise en place des conseils d'administration et des directions est subordonnée. Un système de gouvernance est efficace lorsque les objectifs et les attentes sont clairement énoncés, les rôles et les responsabilités bien définis, la transparence et les règles sont assurées et enfin, une culture fondée sur des assises éthiques solides.

Ainsi donc, au-delà des reformes amorcées par le Copirep, je recommande vivement que soit mise sur place au Congo un Cadre de bonne gouvernance axée sur la Responsabilisation et le Résultat pour nos entreprises publiques. Je suis convaincu qu'avec l'implication du gouvernement, ce cadre de gouvernance permettra, mieux qu'un simple changement de propriétaire ou privatisation, de créer de la valeur pour les Congolais et assurer le bien-être collectif.

Chapitre 22
Un Cadre de Responsabilisation et de Résultat

Définition

Le Cadre de responsabilisation que je propose est un ensemble d'énoncés des attentes du Gouvernement envers les membres des conseils d'administration et du comité de direction en vue d'une saine gestion d'entreprise. Il est un cadre d'excellence pour la gestion des entreprises publiques de la RDC. L'objectif poursuivi par le Cadre est de favoriser une gestion qui répondrait à des critères de transparence, d'intégrité et de responsabilité pour mieux assurer la performance des entreprises d'État.

Du principe de Responsabilisation

Dans le système politique congolais, le Parlement, à titre d'organe élu pour représenter le peuple, assure le contrôle de l'Exécutif ou du Gouvernement en vertu de la constitution. En effet, outre le vote des lois régissant les rapports entre les citoyens et les institutions, le Parlement a pour mandat d'obliger le gouvernement de rendre compte de l'usage qu'il fait de son pouvoir exécutif.

Le pouvoir exécutif, c'est-à-dire le Gouvernement, délègue aux différentes institutions, notamment les sociétés d'État, la tâche de mettre en œuvre les politiques publiques et les services offerts aux Congolais. Il existe, donc à la base, un contrat démocratique entre les citoyens et les institutions, fondé sur les principes de la légitimité, de la responsabilisation et de la transparence.

Le succès de nos entreprises est étroitement dépendant du principe de la responsabilisation qui devra être au cœur de notre gouvernance et caractérisé par la reddition de comptes de l'Exécutif au Parlement et aussi, par une relation claire, assise sur l'obligation des managers de démontrer et d'assurer une responsabilité en matière de rendement à la lumière des attentes convenues.

Du fait du pouvoir qui leur est délégué par le Gouvernement, les entreprises publiques exercent des pouvoirs exécutifs dont elles devront rendre compte de leurs décisions et actions au Parlement, par le biais d'un ministre de tutelle. Ce dernier est, en fin de compte, le responsable devant le Parlement de l'efficience globale des entreprises publiques de son portefeuille. La responsabilité du ministre de tutelle s'étend à l'explication des activités quotidiennes de la société, des structures organisationnelles et des ententes de gouvernance existantes. Le ministre devrait, en outre, s'assurer que des personnes compétentes sont nommées au conseil d'administration et aux postes de direction.

En résumé, bien que l'entreprise publique conduise sa gestion quotidienne de façon autonome, le Parlement exige des comptes au ministre de tutelle pour s'assurer que la société exécute son mandat de manière efficace et efficiente.

Le principe de la responsabilisation énoncé dans ce Cadre s'inspire des principes de gouvernement d'entreprise rendus publics en 1999 et remis à jour en 2004 par l'Organisation de Coopération et de développement économique, OCDE, devenus une référence mondiale pour les responsables de l'action gouvernementale, les investisseurs, les sociétés et toutes les parties prenantes interpellées par les questions de gouvernance. L'énoncé de politique s'appuie principalement sur une meilleure définition des responsabilités respectives du conseil d'administration et de la direction générale, le renforcement de l'autorité du conseil et la mise en place de meilleurs outils d'imputabilité de contrôle.

Légiférer sur le principe de responsabilisation

De nos jours, la gouvernance est au cœur de la vie des entreprises. Les gouvernements prennent des mesures susceptibles de renforcer la gestion des sociétés d'État dans une optique visant à la fois l'efficacité, la transparence et la responsabilisation des composantes de leur direction. Entre autres mesures, se trouve le vote de loi sur la gouvernance.

Je formule la recommandation de voir le gouvernement congolais initier un projet de loi en matière de gouvernance dont l'objectif sera d'introduire des règles efficaces de gouvernance au sein de sociétés d'État. Ces règles porteront notamment sur la composition, le fonctionnement et les responsabilités du conseil d'administration, des critères de sélection des membres du conseil d'administration et de leur indépendance et la création de comités au sein du conseil d'administration. Ces règles porteront aussi sur l'obligation pour les entreprises d'État d'établir un plan stratégique annuel ainsi que la divulgation et la publication de renseignements et des rapports de gestion de leur rendement.

Cadre de responsabilisation de gestion des entreprises publiques en RDC

Le cadre de responsabilisation de gestion que je propose et décris ici, se présente comme un outil de gestion par excellence destiné à appuyer les gestionnaires d'entreprises publiques dans la quête de meilleures pratiques de gestion en vue d'atteindre des rendements escomptés par le Gouvernement.

Il représente une séquence logique des activités, ainsi qu'une chaîne des résultats anticipés par l'organisation. Il établit des stratégies et les mesures de rendement pour assurer le suivi des progrès accomplis et mesurer les résultats. Les entreprises seront évaluées annuellement, sur la performance accomplie sur chacune des cinq composantes de gestion énumérées ci-dessous. De la petite à la grande entreprise, chacune fera l'objet d'une évaluation annuelle destinée au Parlement. Le Congo regorge des universitaires disposant des connaissances et des compétences suffisantes pour exécuter cette tâche noble pour le bien de l'ensemble de Congolais et du Congo.

En guise de rappel, j'ai montré plus haut dans ce livre que le Congo ne souffre pas de déficit en compétence rationnelle, au contraire, le mal congolais vient de l'absence de volonté politique. Je propose ce cadre comme guide de l'action gouvernementale vis-à-vis des dirigeants des entreprises publiques.

Figure 1 : Cadre de Bonne Gouvernance

Orientation Stratégique	Valeurs de Gouvernance	Résultat et Performance
	Responsabilisation	
	Gestion Proactive et Innovatrice	

Les cinq éléments du Cadre

Orientation stratégique

À l'instar des entreprises du secteur privé, les entreprises d'État devront adopter le mode de gestion basé sur l'établissement d'un cadre stratégique incluant une vision et une orientation stratégique. Chaque entreprise devra se définir une vision, ses priorités et objectifs stratégiques et les indicateurs de performance qui devront guider l'organisation pour aider les ministres et le Parlement à bien servir l'intérêt public. Dans le monde en mutations quotidiennes, les dirigeants d'entreprise devraient être en mesure d'adapter leurs entreprises aux changements et assurer un arrimage parfait entre l'entreprise et son environnement. Les managers ne sont plus des simples gestionnaires au quotidien, ils doivent aussi être de bons stratèges.

Valeurs

Le système d'État devrait être assorti de valeurs, notamment de l'importance du service envers le public et de l'intégrité dans l'utilisation des ressources. Ces valeurs, des idéaux, ont traditionnellement eu plus d'importance que l'utilisation efficace des ressources. Des valeurs d'intégrité dans l'utilisation des fonds publics et de respect envers les personnes (les travailleurs et les clients), et d'excellence devront commander la gestion de nos entreprises publiques.

Le Congo gagnerait à avoir des valeurs d'éthique de gestion claires. Je recommande donc que soit rendu obligatoire dans chaque entreprise d'État l'établissement de code de déontologie et que son observance par les dirigeants en soit régulièrement évaluée par le Parlement.

Gestion proactive et innovatrice

L'équipe de gestion a l'obligation d'anticiper les évènements et gérer au moyen de l'innovation continue et de la transformation, pour promouvoir l'apprentissage au sein de l'organisation et améliorer le rendement général de l'entreprise. Anticiper pour ne pas disparaître.

Responsabilisation

À partir des résultats du rendement, assurer la reddition des comptes et promouvoir des améliorations continues et des gains d'efficience systématiques dans les politiques, les programmes et les services. Les responsabilités en ce qui concerne les résultats sont clairement attribuées et correspondent aux compétences des ressources. Les dirigeants, à quelque niveau que ce soit, devront être imputables de leur gestion et évalués en conséquence.

Résultats, rendement et performance

L'équipe de gestion a l'obligation des résultats définis dans la vision stratégique de l'entreprise. Des critères de rendement et de performance sont identifiés pour chacun des objectifs poursuivis. Le tableau de bord de gestion aiderait à une meilleure surveillance des objectifs stratégiques. Des analyses post mortem sont exigées pour évaluer et mieux anticiper.

De l'évaluation et du processus d'évaluation du cadre de responsabilisation de gestion

Le Cadre de responsabilisation est un outil de surveillance clé qui aide à veiller à ce que les entreprises soient bien gérées, responsables et performantes, et que les ressources humaines et financières soient attribuées pour atteindre les résultats. Le régime de gouvernement d'entreprise devrait concourir à la transparence et être compatible avec l'État de droit. Il doit clairement définir la répartition des compétences entre les instances chargées de la surveillance, de la réglementation et de l'application des textes.

Le processus d'évaluation du CRG comportera un examen annuel des pratiques de gestion et du rendement dans les entreprises et les instances compétentes en matière de surveillance, de réglementation et d'application des textes. Les experts commis à l'évaluation du CRG doivent avoir le pouvoir, l'intégrité et les ressources leur permettant de mener à bien leurs missions avec professionnalisme et objectivité. En outre, leurs décisions doivent intervenir en temps voulu et être transparentes.

L'évaluation du CRD devrait être considérée comme un exercice annuel et devrait porter sur les éléments clés du cadre.

Chapitre 23
Des lignes directrices pour une gestion transparente

Le succès du Cadre de responsabilisation dépend d'abord de l'implication des différentes parties prenantes directement associées à la gouvernance des entreprises d'État et de sa mise en place. Pour assurer cette implication, je propose la mise en place pour chacune des parties prenantes des lignes directrices qui guident son action.

Les présentes lignes directrices visent à placer la question de la gouvernance des sociétés d'État au premier plan du régime de gestion. Les lignes directrices sont des indicateurs et non des règles. C'est pourquoi chaque société d'État devra peut-être les adapter à son environnement ou en modifier quelque peu la forme de façon qu'elles répondent à ses besoins particuliers. Je recommande à chaque société d'État d'ajouter à son rapport annuel un volet sur ses politiques et pratiques de gouvernance établies conformément aux présentes lignes directrices.

Lignes directrices du Gouvernement congolais

Moderniser la gouvernance des sociétés d'État devait conduire à l'adoption de la Loi sur la gouvernance des sociétés d'État invitant ainsi ces dernières, à travers leurs conseils d'administration, à moderniser leurs pratiques de gestion afin de satisfaire aux exigences d'une saine gouvernance.

Le Gouvernement a le devoir de présenter chaque année un rapport consolidé sur les affaires et les activités de toutes les sociétés d'État mères et des sociétés en coparticipation de l'État congolais.

Chaque année, le Conseil des ministères, sur avis du ministère de portefeuille, devra approuver le plan stratégique de chaque société d'État. Les sociétés d'État communiquent régulièrement au Parlement des renseignements complets et opportuns sur leurs plans et leur rendement réel. Elles lui soumettent un résumé du plan d'entreprise, des budgets d'immobilisations et d'exploitation, ainsi qu'un rapport annuel.

Le gouvernement congolais se révèle être l'épicentre de tout projet de société d'un Congo dont nous rêvons tous, un pays plus beau qu'avant dont nous assurerons la grandeur. Le gouvernement congolais détient la compétence institutionnelle ou le pouvoir institutionnel pour changer le Congo. Ce pouvoir dont le pays souffre de déficit depuis le 30 juin 1960. Il reviendra au gouvernement congolais d'implanter ce projet judicieux qui sortira les entreprises congolaises de leur carence en gouvernance. Il clarifiera la structure de responsabilisation des sociétés d'État.

Afin d'assurer un succès réel aux ambitions du gouvernement dans ce processus d'implantation du Cadre de Gouvernance, le Gouvernement devra jouer franc jeu :

Ligne directrice 1 - Légiférer pour que :

- Le rôle des sociétés d'État en tant qu'instruments de politiques publiques soit clairement réaffirmé.

- Les responsabilités de gestion des conseils d'administration et les régimes de reddition de comptes des sociétés d'État soient renforcés.

- Le processus de nomination du président du conseil d'administration et des administrateurs et du directeur général des sociétés d'État soit régi par des normes de gouvernance adéquates et que cesse la partisanerie politique et ethnique.

- Les conseils d'administration soient mieux outillés en y incluant des administrateurs formés et compétents pour s'acquitter aisément de leurs responsabilités.

- Le régime de gouvernance des sociétés d'État reflète les meilleures pratiques de gestion, incluant celles adoptées par les entreprises du secteur privé, mutatis mutandis.

- Le conseil d'administration de chaque société d'État soit tenu de veiller aux intérêts de celle-ci et de l'État actionnaire.

- Les membres du conseil d'administration soient nommés pour une durée déterminée qui constitue un mandat. Ce mandat peut être renouvelé une fois seulement pour empêcher la collusion entre parties.

- Un rapport annuel du gouvernement sur le rendement des entreprises publiques soit présenté au Parlement.

Lignes directrice 2 - Mettre en place le présent Cadre de Gouvernance

Enfin un des rôles qui incombent au gouvernement est de mettre en place le Cadre de Gouvernance présenté dans ce livre. Le gouvernement devra s'assurer que chaque entreprise publique a défini un plan stratégique de ses activités, que les valeurs d'éthique et professionnelles existent et son consignées dans un document officiel de l'entreprise, que les critères de rendement de performance sont établis pour l'atteinte des résultats escomptés.

Ligne directrice 3 - Veiller à la préparation des lignes directrices de gouvernance de chaque société d'État

Les lignes directrices sont un guide sur les questions relatives à la gouvernance des sociétés. Les lignes directrices portent sur la régie de la société, le fonctionnement du conseil et la collaboration entre le conseil d'administration et le comité de gestion.

Les lignes directrices sont pour aider le président et les membres du conseil d'administration et le directeur général des sociétés concernées à répondre aux attentes du gouvernement en matière de surveillance des activités et des affaires des sociétés d'État. Il y a lieu cependant de noter qu'il ne s'agit que de lignes directrices et que le conseil d'administration peut décider de les modifier pour besoin d'efficacité de fonctionnement du conseil.

Lignes directrices du conseil d'administration

Dans toute organisation, le rôle du conseil d'administration est celui d'une instance décisionnelle supérieure de l'organisation. Ainsi, les qualités et les compétences que doivent posséder les personnes qui en font partie devront être éprouvées et au-dessus de tout doute raisonnable.

Ligne directrice 4- Rôles et responsabilités du conseil d'administration

Le conseil d'administration a la responsabilité générale de :

- Participer à l'élaboration et l'adoption les plans stratégiques et les plans d'action ;
- Encadrer et superviser la conduite des affaires de l'organisation ;
- Se doter de politiques et de pratiques de gouvernance efficaces, efficientes et transparentes ;
- Assurer le suivi de ses décisions et de répondre de ses résultats.

En matière de décision, le conseil d'administration examine et approuve, sur recommandation du directeur général :
- le processus de planification stratégique ;
- les orientations stratégiques ;
- le plan stratégique ;
- le budget annuel et le rapport annuel d'activités ;
- le plan d'immobilisation, le plan d'exploitation, les restructurations organisationnelles majeures, les dépenses importantes et les règlements de régie interne ;

Ligne directrice 5 – Indépendance du conseil d'administration

Je recommande que pour assurer son efficacité comme il est le cas dans plusieurs pays, qu'en dehors du directeur général, le conseil soit exclusivement constitué d'administrateurs indépendants ou non reliés à la société. Un administrateur non relié est un administrateur indépendant n'ayant aucune relation avec l'entreprise, y compris toute relation d'affaires, qui soit susceptible de nuire d'une façon importante à sa capacité d'agir au mieux pour des intérêts de la société d'État.

Ligne directrice 6 – Objectifs liés à l'intérêt public

Périodiquement, le conseil d'administration de chaque société d'État devra examiner ses objectifs liés à l'intérêt public et, revoir le mandat qui lui est conféré par la loi pour s'assurer qu'ils sont toujours pertinents. Le conseil d'administration devra documenter les objectifs courants de la société liés à l'intérêt public ; bien comprendre les compromis du moment à faire entre les objectifs liés à l'intérêt public et les objectifs commerciaux de la société, qui sont souvent en concurrence. Le conseil d'administration devra aussi évaluer la pertinence du mandat de la société et, au besoin, soumettre des projets de modification au ministère de tutelle.

Ligne directrice 7 – Structure du conseil d'administration en comités

Le conseil d'administration devra disposer en son sein des comités, pour une meilleure surveillance des activités de l'entreprise. Les membres d'un comité sont des membres du conseil d'administration et sont nommés par le conseil et relèvent directement de lui. Le conseil est libre de créer des comités qu'il juge utiles pour son bon fonctionnement. Je propose que soient rendus obligatoires les comités suivants :

Comité de stratégie

Le Comité de stratégie a pour attributions d'évaluer le plan stratégique soumis par le directeur général et formuler des recommandations au conseil pour son adoption. Il devra être composé des personnes de formation en management, en économie, en finance, en comptabilité et en droit, de manière à bien cerner l'incidence des stratégies adoptées sur l'entreprise.

Comité des ressources humaines et de la rémunération

Le comité des ressources humaines a pour mandat d'assister le conseil d'administration en ce qui a trait à l'embauche, l'évaluation, la rémunération et la relève des cadres, le recrutement, le développement, le maintien du personnel. Ce comité rend compte, fait approuver et formule des recommandations au conseil sur des questions relatives aux ressources humaines en général, à la rémunération, la santé et la sécurité, ainsi que d'autres politiques majeures en matière de ressources humaines et de relations du travail.

Comité de gestion des risques

Le comité de gestion des risques s'assure que l'entreprise soit dotée d'un processus adéquat et efficace de gestion des risques importants, qui vise l'identification, l'évaluation et la gestion des risques, l'élaboration de politique adéquate en matière de risque de gestion, de marché et du secteur d'activité, d'environnement international des affaires, réglementaire et de réputation.

Comité de vérification

Le comité de vérification a pour mandat général d'examiner et, si jugé opportun, de recommander l'approbation des états financiers annuels et trimestriels de la société, ainsi que les commentaires et analyse de la direction de ces états financiers au conseil, et plus particulièrement de considérer et d'évaluer tous les aspects relatifs au processus de présentation de l'information financière, au contrôle interne de l'entreprise. Il va de soi que ce comité devra être composé par des gens qui disposent des compétences financières et comptables éprouvées.

Le comité revoit le plan de vérification et son exécution, évalue la performance globale des vérificateurs et fait des recommandations concernant leur nomination.

Comité de déontologie

Agir avec intégrité, honnêteté et de bonne foi et avec respect dans le sens des meilleurs intérêts des Congolais et partenaires de la société est fondamentale pour la réputation de l'entreprise et son succès. Le code de déontologie souligne l'engagement de la société à maintenir fermement des principes moraux et éthiques et spécifie les normes de bases du comportement pour ceux qui font affairés en notre nom. Le comité de déontologie veillera à l'observance des règles éthiques au sein de la société.

Ligne directrice 8 - Évaluation du rendement du directeur général et obligation du résultat

À l'instar des pratiques dans les entreprises privées, l'obligation du résultat et de l'atteinte des objectifs stratégiques de la société est déterminante dans ce processus d'évaluation du directeur général.

Chaque année, le conseil d'administration devra évaluer officiellement le rendement du directeur général en fonction des tâches et des objectifs convenus par le conseil d'administration et le directeur général au début de l'année. Ces critères devraient comprendre notamment la contribution du directeur général à l'élaboration et à la réalisation de la stratégie de la société qui est énoncée dans le plan d'entreprise approuvé.

Les résultats de l'évaluation du rendement du directeur général peuvent être déterminants dans l'octroi de sa prime au rendement. Le conseil d'administration, par l'entremise de son président, devrait communiquer les résultats de l'évaluation du rendement au directeur général ainsi qu'au gouvernement.

Lignes directrices du Comité de direction et du Directeur général

Le directeur général et le directeur général adjoint sont nommés par l'Exécutif ou le gouvernement. De par le rôle de meneur que joue le directeur général dans la bonne gestion de l'entreprise, le choix de celui-ci est d'une importance capitale et il ne devrait être choisi que des personnalités compétentes et d'expérience.

Pour le choix du directeur général et du directeur général adjoint, le conseil d'administration devrait formuler ses attentes à l'égard de ces postes. Il devrait préciser les compétences et les caractéristiques qu'il juge essentielles aux fins du rendement de la société ainsi que du règlement des principales questions, des risques et des défis auxquels la société doit faire face. Le conseil peut, en conseillant le ministre de tutelle par l'entremise du président du conseil, aider le gouvernement à choisir le directeur général.

Enfin, compte tenu de l'importance du poste du directeur général, le conseil d'administration de chaque société d'État devrait évaluer périodiquement ce poste ainsi que le rendement de son titulaire.

Ligne directrice 9 : Responsabilités du comité de direction

Le directeur général et le comité de direction de la société se fondent sur le point de vue du conseil d'administration pour tracer l'orientation stratégique qui convient le mieux à la société.

À travers sa rétroaction, le conseil d'administration vérifie les hypothèses et propose des ajustements nécessaires au plan d'entreprise. C'est indubitablement l'une des plus importantes contributions du conseil d'administration aux saines pratiques de gouvernance de la société.

Le plan d'entreprise est soumis chaque année à l'approbation du conseil d'administration et du ministre de tutelle. L'un et l'autre procèdent respectivement, à cette étape, à l'évaluation du bien-fondé des objectifs de la société d'État énoncés dans le plan.

Une fois le plan d'entreprise approuvé par le conseil et par le ministre de tutelle, ce dernier présente et recommande le document au conseil de ministres pour approbation par le gouvernement. Dès qu'il est approuvé par le gouvernement, le plan d'entreprise sert de point de référence sur lequel le conseil d'administration et le gouvernement se fondent pour mieux juger des décisions ultérieures et évaluer le rendement de la société.

Ligne directrice 10 – Régime de contrôle interne

Le directeur général et le comité de direction mettent en place des systèmes de contrôle interne pour s'assurer de l'intégrité des informations de gestion.

Chapitre 24

Le profil du directeur général de demain

Directeur Général : manager et stratège pour l'entreprise

Les sociétés d'État ont des mandats spécifiques que leur confèrent leurs statuts respectifs. Leur fonctionnement quotidien bénéficie d'une large autonomie de gestion et leur mission couvre, pour certaines d'entre elles, un double objectif : commercial et servir l'intérêt des Congolais.

Le processus relié à l'imputabilité pour ces entreprises se devrait de contrebalancer cette double exigence dans la mise en place d'un régime de contrôle et de responsabilisation par l'obligation de rendre compte tant au gouvernement qu'au parlement.

Les entreprises publiques sont sous la surveillance quotidienne de leur conseil d'administration qui s'assure de leur rendement. Le conseil d'administration de chaque société d'État veille aux intérêts de la société et aux intérêts des Congolais.

Le directeur général comme commandant à bord de l'entreprise publique se devra d'être un cadre de formation éprouvée et compétent. Il est le « Key Player » dans le processus stratégique du succès de l'entreprise. Il doit détenir une vision claire de là où il veut amener l'entreprise et en définir une stratégie appropriée. Le directeur général que je définis ici est essentiellement un stratège, couplé de manager.

En effet, si la mission est une déclaration de pourquoi une organisation existe et que la vision est une déclaration d'où veut aller l'entreprise, la stratégie est quant à elle, une déclaration de comment l'entreprise compte y arriver.

Le concept de stratégie et la planification stratégique dans l'entreprise

De nombreuses définitions existent sur le concept de stratégie. La difficulté de saisir ce concept vient de cette profusion. La définition que je propose est empruntée de Philippe Raymond publiée dans son livre sur la réflexion stratégique[53]. P. Raymond propose une définition simple et lexicale qui qualifie la stratégie de l'art d'utiliser au mieux les ressources disponibles. J'ajouterais à cette définition la notion d'environnement et définirais la stratégie comme l'art d'utiliser au mieux les ressources disponibles dans son environnement en vue d'atteindre les objectifs que l'on s'est donnés. En d'autres termes, l'objectif de la stratégie consiste à positionner son organisation dans son environnement en constant changement. Il s'agit d'assurer un arrimage parfait entre l'entreprise et son environnement.

Dans le cadre d'une entreprise, le positionnement est toujours l'aboutissement d'un processus qui découle de la réflexion des seuls dirigeants. La gestion de la relation de l'entreprise avec l'environnement est donc essentielle pour la survie de l'entreprise, et elle est conditionnée par sa performance et son développement. La performance garantit la survie de l'entreprise dans un monde en compétition permanente. La première responsabilité d'un dirigeant d'entreprise est de produire une pensée prospective en ayant une vision et une ambition pour son entreprise.

---

[53] Raymond, Philippe, « De la réflexion stratégique à l'action », Ed. Maxima 2006

Vision stratégique

Pour qu'une entreprise prospère, il faut que ses dirigeants se forment une image de la position qu'ils désirent lui faire atteindre. Une telle image n'est autrement décrite que comme une vision. Toute planification débute donc par une vision. La vision précède le plan stratégique quelle que soit sa forme.

Concevoir une stratégie

Comme souligné dans un des paragraphes précédents, la survie d'une entreprise dépend de la capacité de ses dirigeants d'assurer une congruence parfaite entre l'entreprise et son environnement en ayant une vision ou image mentale de la position qu'ils voudraient voir leur entreprise atteindre dans le futur.

Ainsi dit, la conception d'une stratégie d'entreprise se fait à travers l'analyse de l'environnement extérieur de l'entreprise, celle des forces et faiblesses de l'entreprise en tenant compte des objectifs stratégiques poursuivis.

Management et Leadership

Pour pouvoir assurer un bon arrimage avec son environnement, l'entreprise devra pouvoir compter sur un leadership compétent.

La littérature en gestion oppose souvent le management et le leadership. Un manager n'est pas forcément un leader ou un stratège, comme le montre le tableau 3 distinctif ci-dessus de ces deux fonctions :

Tableau 3 : Manager et Stratège : Tableau comparatif

Manager	Leader et stratège
- Gérer le présent	- Concevoir le futur : vision
- Planifier, organiser, diriger et contrôler	- Développer une stratège
- Gérer la stabilité	- Gérer le changement

Un stratège conçoit une vision d'avenir de son entreprise, la communique et la partage aux autres. Pour exercer un leadership stratégique, le dirigeant d'entreprise devrait être à la fois l'architecte de la raison d'être, le concepteur de la stratégie et le créateur du contexte.

Directeur général de demain : Leader-stratège

Lorsqu'on pose un regard sur toutes les entreprises qui connaissent du succès à travers le monde, force est de constater une seule chose derrière ces accomplissements : le Leadership. Le leadership apparaît aujourd'hui comme le principal catalyseur dans la gouvernance des entreprises. Un bon leadership stimule l'entreprise et les employés en y permettant d'obtenir leur potentiel complet et faire une différence réelle dans l'environnement. Le directeur général devra être à la fois un leader et un stratège.

Un leader ? Demandez à cent leaders de définir ce qu'ils entendent par le mot leadership, aucun d'entre eux ne répondra exactement pareil aux autres. Cependant, ils exprimeront quelques thèmes communs, comme le but, la vision, l'espoir, l'inspiration, l'influence, l'anticipation, en rassemblant des ressources et en effectuant le changement nécessaire. Invité à la conférence des analystes et conseillers financiers du Gouvernement du Canada à Ottawa le 7 juin 2017, l'ancien premier ministre du Canada, Jean Chrétien54 dit ceci : « Leadership is to anticipe the problems and try to come over », le leadership se résume en la capacité d'anticiper les problèmes et essayer d'y trouver de solutions. En ramassant les éléments présentés ici, on dira d'un leader que c'est une personne qui rassemble les gens, le capital humain et les ressources intellectuelles de l'organisation pour les amener dans la bonne direction. La bonne direction est celle définie dans le plan stratégique de l'entreprise et qui assure la performance et garantit l'adéquation entre l'entreprise et son environnement.

[54] Jean Chrétien, Financial Management Institute, FMI, Centre de Congrès, Ottawa le 7 juin 2017.

Conclusion générale

En rédigeant ce livre, je me suis fait la ferme conviction, qu'à l'instar des autres peuples du monde qui ont vaincu le sous-développement, le peuple congolais est en mesure de se sortir de sa misère actuelle et s'aligner tête haute dans les rangs des nations organisées.

Plus de deux décennies de vie passées au Canada, comme artisan dans le domaine de management et de gouvernance des organisations, et à voyager en Europe et aux États-Unis, j'ai conclu, en comparant mon pays aux autres nations qui ont réussi, que la fatalité n'existe pas et que seule la gouvernance crée la différence, car, l'être humain en soi, est le même partout.

La République Démocratique du Congo dispose d'atouts dont peu de nations peuvent se prévaloir. Ses ressources naturelles, sa forêt, son fleuve et ses différents cours d'eau ainsi que ses lacs, la jeunesse de sa population et sa diaspora sont autant d'avantages capables d'engendrer un élan de transformation et de développement sans pareil.

Mon livre a le mérite d'établir les causes de notre déroute collective comme peuple et comme nation et de présenter les principaux défis du Congo en épinglant la gouvernance nationale comme la cause principale de notre échec. La gouvernance étant définie comme l'exercice du pouvoir ou la manière de gérer adéquatement la chose publique pour l'atteinte du bien commun. Dans le domaine de la gouvernance des entreprises publiques, ce livre présente les voies et moyens pour mettre fin à la mal gouvernance caractéristique de ces entités qui, jadis ont fait la fierté du pays durant la période coloniale et leur faire jouer encore un rôle de catalyseur de notre progrès économique.

En effet, la difficulté de contrôler les entreprises publiques a justifié aux yeux de plusieurs leur privatisation. Je souligne qu'une société d'État peut être aussi performante qu'une entreprise privée. Le privé ne possède pas de pouvoirs magiques. Une société d'État est d'abord une organisation ayant un mandat social, participant à la mise en œuvre des politiques, et aussi pour d'autres parmi elles, une vocation commerciale. Ressemblant à une entreprise privée par sa vocation commerciale et ses activités au jour le jour, elle est attachée au secteur public pour ses activités liées à la mise en œuvre de politiques de développement (économique, régional, etc.) et par ses processus de reddition de comptes. Elle est « contrôlée » à travers une série de mécanismes : plan stratégique, rapport annuel, vérification financière, avis du ministre de tutelle, etc. dont on a pu douter historiquement de l'efficacité.

En ayant recours aux meilleures pratiques de management, j'ai élaboré pour les entreprises publiques de mon pays un cadre de bonne gouvernance. Ce cadre a la particularité de mettre l'emphase sur la responsabilité et la performance, dont l'absence est décriée par tous et justifie les réformes actuelles mises sur pied pas le Copirep et le gouvernement.

Le succès d'un tel cadre nécessite l'implication de toutes les parties prenantes directement concernées dans la gouvernance des entreprises publiques, à savoir l'État, le conseil d'administration des entreprises et le comité de gestion. À chacune de ces trois échelles concernées, j'ai développé des lignes directrices et recommandé les conditions de leur mise en œuvre.

Jacques Kabeya Ilunga Tenda

Bibliographie

1. ALEXANDER, Dyck. « Privatization And Corporate Governance: Principles, Evidence, And Future Challenges ». The World Bank research observer. -- Vol. 16, no. 1 (Spring 2001), pp. 59-84.
2. ADAM Alhassan. *Le Ghana en quête des moyens d'étancher sa soif, Crise de l'eau et politiques de privatisation en Afrique*. Ritimo, Mai 2011. https://www.partagedeseaux.info/Le-Ghana-en-quete-des-moyens-d-etancher-sa-soif. Consulté le 4 octobre 2017.
3. BERGERON, Pierre G. *La gestion dynamique : Concepts, méthodes, applications*. 4e Ed. MORIN Gaetant. 653 p.
4. Bourse de Toronto. *Où se trouvaient les administrateurs ? : Lignes directrices du Comité de la Bourse de Toronto sur la régie d'entreprise*. Toronto, décembre 1994.
5. CANET, Raphaël. *Qu'est-ce que la Gouvernance ?* Séminaire sur les nouveaux modes de gouvernance. UQAM, Montréal, 16 mars 2004.
6. CARNET, Raphaël. *Qu'est-ce que la Gouvernance ? Conférence prononcée à l'Université du Québec à Montréal, UQAM*. 16 mars 2004.
7. Centre de Recherche et d'Information socio-politique, CRISP. « Le contentieux belgo-congolais. », Courrier hebdomadaire du CRISP 15/1965 (n° 283), p. 1-25 URL : www.cairn.info/revue-courrier-hebdomadaire-du-crisp-1965-15-page-1.htm
DOI : 10.3917/cris.283.0001.

8. DESAUTELS, Dénis. *La Modernisation des concepts d'imputabilité.* Institut d'administration publique de Québec. 25 octobre 2001.
9. COLLECTIF. *Réconstruire la République Démocratique du Congo : Quel leadership pour quelle société.* Édition Muhoka. Ottawa 2012.
10. ELIMANE, Diouf, PETIJEAN,Oliver. « *Privatisation de l'eau : le Sénégal à la croisée des chemins.* » mai 2011. Ritimo. https://www.partagedeseaux.info/Privatisation-de-l-eau-le-Senegal-a-la-croisee-des-chemins. Consulté le 4 octobre 2017.
11. Comité de Pilotage de la Réforme des Entreprises du Portefeuille de l'État, COPIREP. « Rapport annuel 2013 ». 2013.
12. DEME, Mamadou. *Les privatisations, une solution pour l'Afrique* ? In : Politiques et management public, vol.13 no2, 1995. 50e numéro. Cahier2. P.97-140. http://www.persee.fr/web/revues/home/prescript/article/pomap_0758-1726_1995_sup_13_2_3394
13. DÉSILETS, Mario, BRASSARD, Claude. *La notion de compétence revue et corrigée à travers la lunette cognitiviste.* Association québécoise de pédagogie Collégiale. Mai 1994, Vol. 7 no.4.http://aqpc.qc.ca/revue/article/notion-competence-revue-et-corrigee-travers-lunette-cognitiviste
14. ÉTIENNE, Hadlaire. « Dilemmes et Enjeux des privatisations des entreprises publiques pour l'État haitien » Mémoire présenté comme exigence partielles de la maîtrise en Sciences politiques. Université du Québec à Montréal. Mars 2010.
15. ETOGO NYAGA, Yves Patrice. *Privatisation et Performance des Entreprises Publiques au Cameroun.* Université de Yaoundé II, Cameroun. Rapport de Recherche du FR-CIEA No. 12/12. Dakar, Avril 2012.

16. FOURNIER, Pierre. *Les sociétés d'État et les objectifs économiques du Québec : Une évaluation préliminaire.* La documentation québécoise, l'éditeur officiel du Québec (1979). 135 pp.
17. GAUDIN, Jean-Pierre. *Pourquoi la gouvernance ?* Paris, Presses de la FNSP, col. La bibliothèque du citoyen, 2001, P28.
18. GAUDIN, Jean-Pierre. *Pourquoi la gouvernance ? Paris, Presses de la FNSP, coll. La bibliothèque du citoyen, 2002.*
19. GOBIN, Corinne. Gouvernance. *Quademi*, Volume 63, Numéro 1, Année 2007.
20. GOLEMAN, Daniel. Emotional Intellengence: *Why It Can Matter More Than IQ*. The 10th Anniversary Edition. Bantam Books.
21. HA-JOON, Chang. La réforme des entreprises publiques, Stratégies Nationales de Développement. Note d'Orientation Nations Unies, Département des Affaires Économiques et Sociales (DAES/UN DESA). 2007.
22. Hicham El Moussaoui. « Privatisations en Afrique : les raisons de l'échec ». http://www.libreafrique.org, 27 JUIN 2008.
23. INSTITUT EUROPÉEN DES RELATIONS INTERNATIONALES ACADEMIA DIPLOMATICA EUROPAEA. *La pensée politique de Machiavel dans la constitution de l'État moderne :* Souveraineté, sécurité et défense à l'origine de la Realpolitik. Irnerio Seminatore, 1 juillet 2013.
24. Journal Officiel de la République Démocratique du Congo. « Loi No 08/007, 08/008, 08/009 et 08/010. No 49e Année, Numéro spécial. 12 juillet 2008.
25. Journal Officiel de la République Démocratique du Congo. « Loi No 09/11, 09/12, 09/14 et 09/15 du 24 avril 2009 » No 50e Année, Numéro spécial. 30 avril 2009.

26. Journal Officiel de la République Démocratique du Congo. « Statuts des sociétés commerciale ». No 51e Année, Numéro spécial. 29 décembre 2010
27. LE BOTERF, Guy. *Construire les compétences individuelles et collectives.* Septembre 2015 7e Ed. Eyrolles. 287 p.
28. KA MANA et Jean-Blaise KENMOGNE. *Détribaliser la société africaine,* Dynamique tribale *et fragmentation sociale dans une Afrique en miniature :* le Cameroun. Blog de Ka Mana.
7 juin 2013
29. KANKWENDA, Mbaya. *L'économie politique de la prédation au Congo Kinshasa des origines à nos jours 1885-2003.* ICREDES. Kinshasa, Montréal, Washington. 2005.
30. M CHALET Charles-Albert. *Le capitalisme mondial.* Presses universitaires de France, Paris, 1998.
31. LACROIX, Isabelle et ST-ARNAUD, Pier-Olivier. La gouvernance : tenter une définition. Université de Sherbrooke, Cahiers de recherche en politique appliquée Vol. IV, Numéro 3, Automne 2012.
32. LANOUE, Roger et TAIEB. Hafsi. Société d'État ? Pourquoi pas ? Concilier Politique et Performance. Les Secrets de la Réussite d'Hydro-Québec. Presse de l'Université du Québec. 2010.
33. NGANDU, Mualaba Crispin. *République Démocratique du Congo : Tout est à réfaire : à qui la faut*e ? Publibook, Paris, France. 2008.
34. Ministère des Finances et Conseil du Trésor du Canada. *Régie des sociétés d'État : Amélioration de l'efficacité des conseils d'administration des sociétés d'État.* 6 octobre 1994, Le Conference Board du Canada, Ottawa, janvier 1995.

35. MABI, Mulumba. *Les dérives d'une gestion prédatrice : le cas du Zaïre devenu République Démocratique du Congo.* Édition CRP, Kinshasa. 1998.
36. MABI, Mulumba Évariste. *Congo-Zaïre : les coulisses du pouvoir sous Mobutu - Témoignage d'un ancien Premier ministre.* Les Éditions de l'Université de Liège. 2011.
37. Mabi Mulumba. « Le processus de réhabilitation des organisations étatiques de contrôle augure de la transparence dans la gestion ». Digital Congo.net Economie. Kinshasa, 08/10/2001.
38. Ministère des Finances du Québec. *Moderniser la gouvernance des sociétés d'État – Énoncé de politique.* ISBN 2-551-22870-0. Avril 2006.
39. NGAPI RICH. « Intellectuels perroquets », Le Potentiel, quotidien congolais. 2012.
40. OECD. *Transparence et responsabilité* : *Guide pour l'État actionnaire*, Gouvernement d'entreprise, Éditions OCDE 2001 *http://dx.doi.org/10.1787/9789264056664-fr*
41. PARENTEAU, R. (1997). *La performance des entreprises publiques. in* M. GUAY, *Performance et secteur public*, Presses de l'Université du Québec à Montréal, p. 215-236.
42. POMMEREHENE, W.W. et B.S. FREY (1977), « Public versus Private Production Efficiency in Switzerland: A Theoretical and Empirical Comparison », *in* V. OSTROM et P. BISH, *Comparing Urban Service Delivery Systems, Urban Affairs Annual Review*, 12 : 221-241.
43. RAYMOND, Philippe. *De la réflexion stratégique à l'action : Les clés du management stratégique.* Paris, Maxima 2006.
44. Secrétariat du Conseil du Trésor du Canada et le Bureau du Vérificateur Général du Canada. *La reddition des comptes dans le secteur public : vers une modernisation.* 1998

45. Secrétariat du Conseil du Trésor du Canada. *Examen du Cadre de gouvernance des sociétés d'État du Canada - Répondre aux attentes des Canadiennes et des Canadiens.* Rapport au Parlement. ISBN0-662-68755-8. No de catalogue BT33-4/1. 2005.
46. SELYS, Gérard. et HOLLY, Daniel. *Les Nations Unies et la mondialisation,* Paris : L'Harmattan, 2003.
47. SIMARD, Carole. « Les entreprises publiques : éléments d'analyse et de réflexion ». Cahiers de recherche sociologue 15, 1990 :107-126.DOI :10.7202/1002116ar.
48. The World Bank. *Democratic Republic of Congo, Economic and Sector Work - Reforming Public Entreprises Through Improved Governance.* Report No:28048-ZR. March 10, 2004
49. http://documents.worldbank.org/curated/en/192641468749743054/pdf/280480ZR.pdf
50. TREMBLAY, Martine ; MORNEAU, Guy, PRONOVOST, Jean. *La nouvelle gouvernance des sociétés d'État - Une évolution qualitative.* ENAP, L'Université de l'administration publique, Réseau d'expertise en conseil stratégique. Juillet 2012.
51. TREASUR BOARD OF CANADA, SECRETARIAT. *Examen du Cadre de gouvernance des sociétés d'État du Canada*. Rapport au Parlement, 2005.
52. TSHIANI, Noël K. *Aux grands maux, les grands remèdes : Un plan Marshall pour la RDC.* Les éditions du Panthéon, Paris. 2016.
53. TSHITENGE, Lubabu M.K. « RDC : La mélodie du flatteur », Jeune Afrique, le 14 mai 2016
54. YAYA, Sanni. Conseil de Modernisation des Entreprises Publiques (CMEP). *Possibilités économiques et privatisation,* Éditions La Ruche, Port-au-Prince Haïti 1996.

55. YAYA, Sanni. *L'économie politique de la privatisation et de la désétatisation,* Montréal : Université du Québec à Montréal, 2004, p-22

ANNEXE I –
LISTE DES ENTREPRISES PUBLIQUES TRANSFORMÉES

Source : Journal Officiel de la République Démocratique du Congo, No 50e Année, Numéro spécial, 30 avril 2009

<u>1-1 Liste des 19 entreprises publique transformées en sociétés commerciales</u>

<u>Secteur Mines</u>

1- Générales des Carrières et des Mines (GECAMINES)

2- Société de Développement industriel et minier au Congo (SODIMCO)

3- Office des Mines d'or de Kilo-Moto (OKIMO)

4- Entreprise Minière de Kisenge Manganèse (EMK-Mn)

<u>Secteur Énergie</u>

5- Régie de Distribution d'Eau (REGIDESO)

6- Société Nationale d'Électricité (SNEL)

7- Congolaise des Hydrocarbures (COHYDRO)

<u>Secteur Industrie</u>

8- Société Sidérurgique de Maluku (SOSIDER)

9- Société Africaine d'Explosifs (AFRIDEX)

<u>Secteur Transport</u>

10- Société Nationale de Chemins de Fer du Congo (SNCC)

11- Office National des Transports (ONATRA)
12- Régie des Voies Aériennes (RVA)
13- Régie des Voies Maritimes (RVM)
14- Lignes Aériennes Congolaises (LAC)
15- Compagnie Maritime du Congo (CMDC)
16- Chemin de Fer des Uélé (CFU)

Secteur des Télécommunications
17- Office Congolais des Postes et Télécommunications (OCPT)

Secteur Financier
18- Caisse d'Épargne du Congo (CADECO)
19- Société Nationale d'Assurance (SONAS)

Secteur Service
20- Hôtel Karavia (KARAVIA)

1-2 Liste des 20 entreprises publiques transformées en Établissements publics

Secteur Agriculture
1- Office National du Café (ONC)

Secteur Transport

2- Régie des Voies Fluviales (RVF)
3- Office de Gestion du Fret Maritime (OGEFREM)
4- City-Train (CITYTRAIN)

Secteur de Communication
5- Agence Congolaise de Poste (ACP)
6- Radiotélévision Nationale Congolaise (RTNC)

Secteur Financier
7- Fonds de Promotion de l'Industrie (FPI)

8- Institut National de Sécurité Sociale (INSS)

<u>Secteur des Constructions</u>

9- Office des Routes (OR)

10- Office des Voiries et Drainage (OVD)

<u>Secteur des Services</u>

11- Office National du Tourisme (ONT)

12- Office de Promotion de Petites et Moyennes Entreprises du Congo (OPEC)

<u>Secteur du Commerce</u>

13- Foire Internationale de Kinshasa (FIKIN)

14- Office Congolais de Contrôle (OCC)

<u>Secteur de la Recherche</u>

15- Institut National des Statistiques (INS)

16- Institut d'Études et Recherche Agronomiques (INERA)

<u>Secteur de la Conservation de la Nature</u>

17- Institut Congolais pour la Conservation de la Nature (ICCN)

18- Institut des Jardins Zoologiques et Botanique du Congo (IJZBC)

19- Institut des Musées Nationaux du Congo (IMNC)

<u>Secteur de la Formation</u>

20- Institut National de Préparation Professionnelle (INPP)

1-3 Liste des 5 entreprises publiques transformées en Services publics

Secteur Agriculture

1- Office National de Développement de l'Élevage (ONDE)

Secteur Mines

2- Centre d'Expertise, d'Évaluation et de Certification des substances minérales précieuses et semi-précieuses (CEEC)

Secteur Financier

3- Office de Gestion de la Dette Publique (OGEDEP)

4- Office des Douanes et Accises (OFIDA)

Secteur des Services

5- Régie Nationale d'Approvisionnement et d'Imprimerie (RENAPI)

Table des matières

République démocratique du Congo

aux éditions L'Harmattan

Dernières parutions

LES ORIGINAIRES ET NON-ORIGINAIRES EN RÉPUBLIQUE DÉMOCRATIQUE DU CONGO

Sous la direction de Obotela Rashidi Noël - Préface de Léon de Saint Moulin

Les contributions réunies ici retracent successivement le parcours historique de cette problématique, la source des conflits entre «originaires» et «non-originaires», la gestion des espaces, la recherche d'une administration efficiente pour la décentralisation, les témoignages de ceux qui ont œuvré au sein de la territoriale.

(Coll. La Région des Grands Lacs Africains, 25.50 euros, 240 p.)

ISBN : 978-2-343-11761-4, ISBN EBOOK : 978-2-14-004139-6

LES BIDONVILLES DE KINSHASA

Nzuzi Francis Lelo - Préface de Léon de Saint Moulin

Kinshasa continue à fasciner, tant elle est effrayante et attirante. Elle connaît une explosion urbaine depuis l'indépendance de la RDC en 1960 et sa métropolisation est à l'origine de la grande crise des logements sociaux. La ville continue à se bidonvilliser car ses nouveaux quartiers ne sont pas accessibles aux plus démunis. Est-ce que la ville va continuer à produire des bidonvilles surpeuplés et dangereux ? Ce livre propose de délocaliser les grands bidonvilles de la commune industrielle de Limete à Kingabwa pour les remplacer par des infrastructures de transports, absentes actuellement à Kinshasa.

(Harmattan RDC, 28.00 euros, 270 p.)

ISBN : 978-2-343-12467-4, ISBN EBOOK : 978-2-14-004281-2

DÉVELOPPEMENT DURABLE ET POLITIQUE DE ZONES ÉCONOMIQUES SPÉCIALES EN RÉPUBLIQUE DÉMOCRATIQUE DU CONGO

Mapendo Christian

Dans sa quête du développement durable, la RDC est en train de mettre en place une politique de zones économiques spéciales ayant pour objectif le développement économique. Entre-temps le pays s'est engagé dans la COP 21. Faudra-t-il restreindre son plan d'industrialisation pour ne pas émettre trop de gaz à effet de serre ? Faudra-t-il opter pour les pratiques de l'économie circulaire ou celles de zones économiques spéciales de réinvestissement ?

(Coll. Études africaines, 20.50 euros, 198 p.)

ISBN : 978-2-343-10799-8, ISBN EBOOK : 978-2-14-004194-5

LES TABOUS SEXUELS TRANSGRESSÉS : VIOL EN TEMPS DE GUERRE
Maisha Buuma M., Demasure Karlijn, Malette Judith
Se remettre de la souffrance du viol nécessite une mobilisation des ressources à l'intérieur et autour de soi. Certaines conditions, comme la remise en question de soi, la culpabilité et la honte, y font souvent obstacle. Ce livre analyse cette implication des tabous sexuels sur l'image de soi et de l'autre après le(s) viol(s). Les propos des victimes et thérapeutes éclairent la réflexion sur le rôle du tabou sexuel dans la perception de soi et la perception sociale des victimes. Un essai de modélisation thérapeutique qui tient compte du contexte socioculturel des victimes est proposé.
(Coll. Études africaines, 30.00 euros, 296 p.)
ISBN : 978-2-343-11701-0, ISBN EBOOK : 978-2-14-004301-7

INGÉNIERIE DE LA SUPERVISION PÉDAGOGIQUE EN ÉDUCATION
Sous la direction de Djeumeni Tchamabe Marcelline
Préface de Clermont Gauthier
L'introduction des Technologies de l'Information et de la Communication en Éducation (TICE) affecte significativement les attitudes professionnelles de la supervision pédagogique. Cet ouvrage met en exergue les évolutions actuelles du métier de superviseur qui, en devenant un ingénieur, peut mieux comprendre l'éducation pour porter l'innovation.
(Coll. Enseignement et éducation en Afrique, 22.00 euros, 206 p.)
ISBN : 978-2-343-11612-9, ISBN EBOOK : 978-2-14-004314-7

RESCAPÉ DE LA GUERRE DU KIVU RD CONGO
Rescapé de la guerre du Kivu (RD Congo)
Michel Kika Mavunda
Michel Kika Mavunda raconte son parcours durant la guerre à l'époque de la dictature «mobutienne» en actuelle République Démocratique du Congo. Enseignant à l'université, il est contraint de fuir Bukavu, à la frontière de l'actuel Rwanda en 1996, et entame une longue et rude traversée de la forêt équatoriale. Aux côtés de réfugiés et de soldats en déroute, il réussira, grâce à la foi, à surmonter cette épreuve et à rejoindre Kisangani.
(16.50 euros, 148 p.)
ISBN : 978-2-343-12683-8, ISBN EBOOK : 978-2-14-004367-3

DIDACTIQUE ET ÉVALUATION À L'ÉCOLE DES COMPÉTENCES
Stratégies pour améliorer la qualité de l'enseignement en République démocratique du Congo
Kalala Kabeya Paulin
Le but de l'enseignement est de promouvoir l'apprentissage des apprenants et développer leurs compétences. Et l'évaluation est le moteur de ce processus. Le défi que se doivent de relever l'école et les enseignants pour le futur est celui d'inventer des didactiques qui leur permettent de faire de l'évaluation, dans le contexte de leurs classes, un instrument efficace d'amélioration de l'apprentissage et de développement des compétences. But qui ne sera atteint que dans la mesure où chaque apprenant sera porté à une autoévaluation métacognitive.
(Coll. Études africaines, 18.50 euros, 176 p.)
ISBN : 978-2-343-12484-1, ISBN EBOOK : 978-2-14-004232-4

LE PARADIGME DIALECTIQUE DANS LA MÉTHODOLOGIE DE RECHERCHE EN SCIENCES SOCIALES
Tshishimbi Katumumonyi Evariste
Préface de Benjamin Mulamba Mbuyi wa Kadima
La dialectique est une méthode très souvent utilisée dans les travaux universitaires en RDC. Mais dès qu'on approche ces études à la lumière de la littérature et de la philosophie sociale et scientifique de cette méthode, on s'aperçoit que celle-ci est bien trop souvent méconnue et utilisée à tort et à travers. Les auteurs de ce manuel apportent leurs connaissances relatives à cette méthode, notamment sa naissance, son évolution et ses postulats de base.
(Coll. Notes de cours, 18.50 euros, 172 p.)
ISBN : 978-2-343-12549-7, ISBN EBOOK : 978-2-14-004228-7

RÉÉCRIRE L'HISTOIRE
Essai
Mumengi Didier
L'auteur montre que la réification des Africains par la traite négrière et la colonisation est la véritable source des multiples crises qui endeuillent l'Afrique noire. Professant que seule l'histoire permet aux peuples de répondre aux questions «Qui sommes-nous ?», «Doù venons-nous ?» et «Où allons-nous ?», l'auteur invite les nations noires d'Afrique et particulièrement son pays, la RDC, à se saisir de l'histoire comme de la clé de leur renaissance, en reprenant conscience de leur véritable état intérieur. Ce livre ouvre donc le chantier de «la décolonisation historiographique de la mémoire africaine».
(Coll. Comptes Rendus, 18.00 euros, 172 p.)
ISBN : 978-2-343-12429-2, ISBN EBOOK : 978-2-14-003991-1

APPLIQUER LA DÉMOCRATIE EN AFRIQUE
Essai prospectif sur la RD Congo
Abangapakwa Nzeke Henri
Ce livre propose un mode de gouvernance qui, tout en reposant sur les valeurs universelles de la démocratie libérale, intègre les particularités culturelles de l'Afrique en général et de la République Démocratique du Congo en particulier. Il démontre qu'il était «prétentieux» de croire que la démocratie pouvait aisément s'importer sans prendre en compte les contingences sociologiques du milieu.
(Harmattan RDC, 39.00 euros, 464 p.)
ISBN : 978-2-343-12176-5, ISBN EBOOK : 978-2-14-003868-6

CAHIERS CONGOLAIS DE COMMUNICATION 2017 N° 1
Collectif
Outre l'éditorial qui clarifie la posture épistémologique actuelle des cahiers congolais de communication, ce numéro d'inauguration de la nouvelle série comprend huit articles autour du communicationnel et porte sur les analyses du discours (discours sur le climat, discours sur le progrès de la société, discours sur le contenu musical, discours sur les clivages dialectaux, discours porteur d'image positive ou alors déficitaire, discours de polyphonie en champ politique).
(Coédition IFASIC, Coll. Cahiers congolais de communication, 18.50 euros, 160 p.)
ISBN : 978-2-343-12195-6, ISBN EBOOK : 978-2-14-004056-6

LE LANGAGE MIROIR DES PERCEPTIONS SOCIALES
Le cas Nzombo le soir en RD Congo
Nzunguba Ibio
Ce livre examine la dénomination *Nzombo le soir* créée en RDC. Elle est la formation elliptique de «Nzombo elyaka na mpokwa», soit «l'anguille mange le soir». Dans le domaine économique, cette expression populaire renvoie au pauvre qui ne mange que le soir. Dans le champ social, elle s'applique aux prostituées qui dorment le jour et vont chercher leur «nourriture» le soir. Les expressions populaires mobilisent l'histoire et ses enjeux. Elles témoignent des réalités vécues au quotidien par la population.
(Coll. Mémoires lieux de savoir, 24.50 euros, 240 p.)
ISBN : 978-2-343-11420-0, ISBN EBOOK : 978-2-14-003858-7

LE PARTENARIAT ÉGLISE-ÉTAT DANS L'ARCHIDIOCÈSE DE BUKAVU AU SUD-KIVU (1990-2012)
Muhingisa Musoda Jean-Pierre
Préface de Muhigirwa Rusembuka Ferdinand
Ce livre, articulé autour de l'analyse comparative des contrats Église-État congolais dans la gestion des services de l'éducation et de la santé, a le mérite non seulement de décrire le contexte de leur alliance, mais surtout d'interroger sur les enjeux de leur rivalité ou complémentarité. Il examine la dynamique de leurs relations et le mode de structuration de leur environnement.
(Coll. Notes de cours, 42.00 euros, 444 p.)
ISBN : 978-2-343-12232-8, ISBN EBOOK : 978-2-14-003960-7

CONJONCTURES CONGOLAISES 2016
Glissement politique, recul économique
Sous la direction de Nyenyezi Bisoka Aymar, Geenen Sara, Ansoms An, Omasombo Tshonda Jean
En 2016, le changement tant attendu n'a pas eu lieu. Kabila est resté au pouvoir. 2016 aura aussi été l'année de grandes difficultés politiques dont la Majorité présidentielle est encore loin de se remettre : les schismes qu'elle a connus et qui ont conduit au départ de grands ténors dans l'opposition politique. Plus grave encore, 2016 a vu s'effondrer certaines transformations économiques et sociales qui constituaient les principales réussites du Gouvernement, comme le déclin de la production dans le Copperbelt, entraînant un ralentissement de la croissance.
(Coll. Cahiers Africains, 37.00 euros, 358 p.)
ISBN : 978-2-343-12021-8, ISBN EBOOK : 978-2-14-003675-0

Structures éditoriales du groupe L'Harmattan

L'Harmattan Italie
Via degli Artisti, 15
10124 Torino
harmattan.italia@gmail.com

L'Harmattan Hongrie
Kossuth l. u. 14-16.
1053 Budapest
harmattan@harmattan.hu

L'Harmattan Sénégal
10 VDN en face Mermoz
BP 45034 Dakar-Fann
senharmattan@gmail.com

L'Harmattan Cameroun
TSINGA/FECAFOOT
BP 11486 Yaoundé
inkoukam@gmail.com

L'Harmattan Burkina Faso
Achille Somé – tengnule@hotmail.fr

L'Harmattan Guinée
Almamya, rue KA 028 OKB Agency
BP 3470 Conakry
harmattanguinee@yahoo.fr

L'Harmattan RDC
185, avenue Nyangwe
Commune de Lingwala – Kinshasa
matangilamusadila@yahoo.fr

L'Harmattan Congo
67, boulevard Denis-Sassou-N'Guesso
BP 2874 Brazzaville
harmattan.congo@yahoo.fr

L'Harmattan Mali
Sirakoro-Meguetana V31
Bamako
syllaka@yahoo.fr

L'Harmattan Togo
Djidjole – Lomé
Maison Amela
face EPP BATOME
ddamela@aol.com

L'Harmattan Côte d'Ivoire
Résidence Karl – Cité des Arts
Abidjan-Cocody
03 BP 1588 Abidjan
espace_harmattan.ci@hotmail.fr

L'Harmattan Algérie
22, rue Moulay-Mohamed
31000 Oran
info2@harmattan-algerie.com

L'Harmattan Maroc
5, rue Ferrane-Kouicha, Talaâ-Elkbira
Chrableyine, Fès-Médine
30000 Fès
harmattan.maroc@gmail.com

Nos librairies en France

Librairie internationale
16, rue des Écoles – 75005 Paris
librairie.internationale@harmattan.fr
01 40 46 79 11
www.librairieharmattan.com

Librairie l'Espace Harmattan
21 bis, rue des Écoles – 75005 Paris
librairie.espace@harmattan.fr
01 43 29 49 42

Lib. sciences humaines & histoire
21, rue des Écoles – 75005 Paris
librairie.sh@harmattan.fr
01 46 34 13 71
www.librairieharmattansh.com

Lib. Méditerranée & Moyen-Orient
7, rue des Carmes – 75005 Paris
librairie.mediterranee@harmattan.fr
01 43 29 71 15

Librairie Le Lucernaire
53, rue Notre-Dame-des-Champs – 75006 Paris
librairie@lucernaire.fr
01 42 22 67 13

www.ingramcontent.com/pod-product-compliance
Lightning Source LLC
LaVergne TN
LVHW010926061026
849535LV00007B/2261